여러분의 합격을 응원하
해커스공무원의 특별

FREE 공무원 국어 **특강**

해커스공무원(gosi.Hackers.com) 접속 후 로그인 ▶ 상단의 [무료강좌] 클릭 ▶ [교재 무료특강] 클릭

해커스공무원 온라인 단과강의 **20% 할인쿠폰**

FA59E45ABD6BB8BX

해커스공무원(gosi.Hackers.com) 접속 후 로그인 ▶ 상단의 [나의 강의실] 클릭 ▶
좌측의 [쿠폰등록] 클릭 ▶ 위 쿠폰번호 입력 후 이용

* 등록 후 7일간 사용 가능(ID당 1회에 한해 등록 가능)

합격예측 **온라인 모의고사 응시권 + 해설강의 수강권**

B54CD9FE472E889D

해커스공무원(gosi.Hackers.com) 접속 후 로그인 ▶ 상단의 [나의 강의실] 클릭 ▶
좌측의 [쿠폰등록] 클릭 ▶ 위 쿠폰번호 입력 후 이용

* ID당 1회에 한해 등록 가능

해커스 매일국어 **어플 이용권**

BIQKZ8RF3KJNP5JO

구글 플레이스토어/애플 앱스토어에서 [해커스 매일국어] 검색 ▶
어플 다운로드 ▶ 어플 이용 시 노출되는 쿠폰 입력란 클릭 ▶ 쿠폰번호 입력 후 이용

▲ 매일국어 어플 바로가기

* 등록 후 30일간 사용 가능
* 해당 자료는 [해커스공무원 국어 기본서] 교재 내용으로 제공되는 자료로, 공무원 시험 대비에 도움이 되는 유용한 자료입니다.

쿠폰 이용 관련 문의 **1588-4055**

단기 합격을 위한
해커스공무원 커리큘럼

입문
탄탄한 기본기와 핵심 개념 완성!
누구나 이해하기 쉬운 개념 설명과 풍부한 예시로 부담없이 쌩기초 다지기

TIP 베이스가 있다면 **기본 단계**부터!

▼

기본+심화
필수 개념 학습으로 이론 완성!
반드시 알아야 할 기본 개념과 문제풀이 전략을 학습하고
심화 개념 학습으로 고득점을 위한 응용력 다지기

▼

기출+예상 문제풀이
문제풀이로 집중 학습하고 실력 업그레이드!
기출문제의 유형과 출제 의도를 이해하고 최신 출제 경향을 반영한
예상문제를 풀어보며 본인의 취약영역을 파악 및 보완하기

▼

동형문제풀이
동형모의고사로 실전력 강화!
실제 시험과 같은 형태의 실전모의고사를 풀어보며 실전감각 극대화

▼

최종 마무리
시험 직전 실전 시뮬레이션!
각 과목별 시험에 출제되는 내용들을 최종 점검하며 실전 완성

PASS

단계별 교재 확인 및
수강신청은 여기서!

gosi.Hackers.com

* 커리큘럼 및 세부 일정은 상이할 수 있으며,
자세한 사항은 해커스공무원 사이트에서 확인하세요.

해커스공무원

혜원국어 추론형 독해

적중 하프모의고사

해커스

정도(正道)로 나아가면 변화도 두렵지 않습니다.
합격으로 나아가는 길에 혜원국어가 함께하겠습니다.

2025년부터 공무원 9급 시험 출제기조가 대대적으로 변화할 예정입니다.
변화라는 위기를 합격의 기회로 만들기 위해서는
변화를 정확하게 인지하고, 올바른 방향으로 나아가야 합니다.

혜원국어는 출제기조 변화가 고지되기 이전부터
변화의 흐름을 예측하고, 그에 맞게 독해형 문제를 비중 있게 다루어 왔습니다.
변화의 흐름에 누구보다도 앞장서 대비하고 있었던 만큼
수험생들에게 가장 빠른 합격의 지름길을 제시할 수 있다고 자부합니다.

『해커스공무원 혜원국어 추론형 독해 적중 하프모의고사』는 아래와 같이 구성되었습니다.

1. 출제기조 변화에 따라 새롭게 등장한 **추론형/논리형 독해 문제**만 모았습니다.
   실제 시험과 가장 유사하게 제작된 문제를 풀어보면서 낯선 신유형에 확실하게 대비할 수 있습니다.

2. **매일 10문제씩** 부담이 없는 분량으로 문제풀이를 할 수 있는 매일 학습 교재입니다.
   주어진 분량을 매일 학습하다보면 실전 감각을 꾸준하게 유지할 수 있습니다.

3. 보기만 해도 **저절로 개념이 학습되는 상세한 해설**을 제공합니다.
   정답의 이유뿐만 아니라 오답의 근거까지 상세하게 설명해 주는 해설을 통해 선지를 꼼꼼하게 분석할 수 있습니다.

합격에 이르는 길은 결코 쉽지 않습니다.
하지만 혜원국어와 함께라면 헤매지 않고 바로 합격이 요구하는 그 길로 걸어갈 수 있으리라 확신합니다.

모든 수험생의 건투를 빕니다!

2024년 09월
노량진 연구실에서
고혜원

목차

하프모의고사 약점 보완 해설집 [책 속의 책]

이 책의 활용법

1 낯선 <u>추론형/논리형</u> 문제만 모아 **출제기조 변화 완벽 마스터**!

9급 출제기조 변화에 맞추어 새롭게 등장한 추론형 문제와 논리형 문제만 모아 수록하였습니다. 출제기조 변화 예상문제를 철저하게 분석하여 실제 시험과 유사하게 제작된 양질의 문제를 풀어봄으로써 확실한 신유형 대비가 가능합니다.

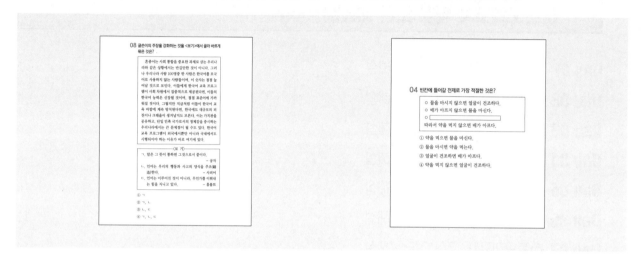

2 **매일 10문제**로 국어 실력 **16일 완성**!

출제기조 변화 내용이 완벽 반영된 문제를 매일 10문제씩 풀어볼 수 있도록 구성하였습니다. 전체 모의고사보다는 부담 없는 분량으로 주어진 문제를 매일 풀어봄으로써 국어 문제풀이의 감각을 꾸준히 유지할 수 있습니다.

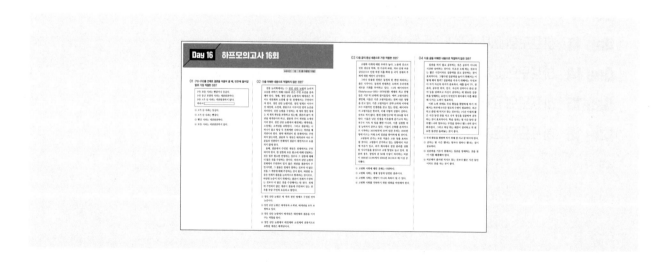

3 실전 감각을 유지할 수 있는 특별한 구성!

· 소요 시간: 문제풀이에 걸린 시간을 직접 체크함으로써 자신의 실력을 스스로 점검할 수 있습니다.

· 2단 구성의 시험지: 실제 시험지와 유사한 형태의 2단 구성을 통해 실전 문제풀이 감각을 극대화할 수 있습니다.

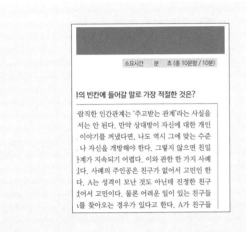

4 보기만 해도 저절로 개념이 학습되는 상세한 해설 수록!

정답인 이유뿐만 아니라 오답의 근거까지 상세하게 설명해 주는 해설을 통해 선지 하나하나 꼼꼼하게 분석할 수 있습니다.

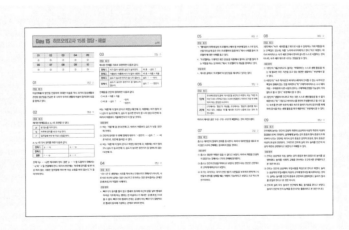

해커스공무원 혜원국어 **추론형 독해 적중 하프모의고사**

공무원 시험 전문 해커스공무원 **gosi.Hackers.com**

Day 01 ~ 16

하프모의고사 1~16회

01 다음 글을 통해 추론할 수 있는 내용은?

어느 농장에 영리한 칠면조 한 마리가 있었다. 그 칠면조는 농장에서 아침 9시에 모이를 준다는 사실을 알게 되었다. 하지만 귀납추리에 숙달된 칠면조는 그 사실을 결론으로 비약하지 않았다. 그는 아침 9시에 모이를 준다는 사실을 아주 여러 차례의 관찰을 통해 확인하였다. 그는 다양한 조건 아래서 이러한 관찰을 하였다. 수요일과 목요일, 따뜻한 날과 추운 날, 비 오는 날과 맑은 날에 이러한 관찰을 하였다. 그는 매일 하나하나의 관찰을 더해 나갔다. 드디어 그는 충분히 많은 자료가 모였다는 판단 아래 "나는 항상 아침 9시에 모이를 먹는다."라는 귀납추리의 결론을 내리게 되었다. 그런데 그 칠면조는 크리스마스이브에 모이를 먹는 대신 목이 잘리게 되었다.

① 가설을 세울 때에는 경험의 축적이 가장 중요하다.
② 가설에 실험을 추가해야 분명한 판단을 내릴 수 있다.
③ 많은 관찰 사실에 근거하여 내린 결론도 틀릴 수 있다.
④ 우리 주변의 지식들 중에는 귀납적이지 않은 지식도 있다.

02 다음 글의 빈칸에 들어갈 말로 가장 적절한 것은?

바람직한 인간관계는 '주고받는 관계'라는 사실을 잊어서는 안 된다. 만약 상대방이 자신에 대한 개인적인 이야기를 꺼냈다면, 나도 역시 그에 맞는 수준으로 나 자신을 개방해야 한다. 그렇지 않으면 친밀한 관계가 지속되기 어렵다. 이와 관한 한 가지 사례가 있다. 사례의 주인공은 친구가 없어서 고민인 한 A이다. A는 성격이 모난 것도 아닌데 진정한 친구가 없어서 고민이다. 물론 어려운 일이 있는 친구들이 A를 찾아오는 경우가 있다고 한다. A가 친구들의 고민이나 걱정거리를 잘 들어 주기 때문이다. A는 친구들의 말을 그저 묵묵히 들어 주고 고개를 끄덕여 주곤 했는데, 그러다 보면 친구들이 어느새 후련한 얼굴로 작별 인사를 하고 돌아가곤 했다.

이런 점 덕분에 A는 친구들 사이에서 남의 이야기를 잘 들어 주는 친구라고 소문이 나긴 했지만, 정작 친한 친구는 없었다. 이제껏 A에게 하소연을 하던 친구들도 막상 여행이라도 가게 될 때에는 A를 쏙 빼놓고 자기네들끼리만 갔다. 친한 친구라면 그러지 않았을 테니. A는 왜 친한 친구가 없을까? 앞서 언급한 내용을 되짚어 보면 그 해답을 찾을 수 있다. 이러한 사례를 통해 바람직한 인간관계를 위해서는 [　　　　　]을 알 수 있다.

① 상대방을 바꾸려 하지 말고 나 자신부터 변해야 함
② 상대방이 자신을 드러내는 만큼 나도 자신을 드러내야 함
③ 상대방이 말하려는 것이 무엇인지 그 의중을 잘 탐색해야 함
④ 말 한마디를 하더라도 상대방의 기분이 상하지 않게 신중을 기해야 함

03 (가)~(라)를 맥락에 맞추어 가장 적절하게 나열한 것은?

> (가) 이후에 담배꽁초 무단 투기를 적발하는 '담파라치', 1회용 봉투 제공 행위를 적발하는 '봉파라치'에 이어서 최근에는 학원의 불법 영업을 적발하는 '학파라치'라는 말까지 등장하였다.
>
> (나) 이것은 '쓰레기'와 사진을 찍어 돈을 받고 신문에 파는 직업적 사진사를 뜻하는 '파파라치'를 합성한 말이다.
>
> (다) 2002년을 전후하여 쓰레기 불법 투기 현장을 적발하는 '쓰파라치'라는 말이 쓰이기 시작했다.
>
> (라) 이런 말들은 주로 방송의 뉴스를 통해 사회적으로 널리 알려지게 되었다.

① (가) － (나) － (라) － (다)

② (가) － (다) － (나) － (라)

③ (다) － (가) － (나) － (라)

④ (다) － (나) － (가) － (라)

04 다음 글의 빈칸에 들어갈 말로 가장 적절한 것은?

> 수상학(手相學)이란 오랜 세월에 걸쳐 성공한 사람, 실패한 사람 등등을 지켜보다 손금에서 어떤 유형을 찾아내 그것으로 사람의 성격이나 운명 따위를 설명하는 것이다. 손금의 기본은 생명선, 두뇌선, 감정선이다. 두뇌선이 가운데에 뻗어 있고 그 위로는 감정선이, 그 아래로는 생명선이 있다. 건강과 수명을 나타내는 생명선은 선명하고 길어야 좋다고 한다. 생명선에 잔주름이 없으면 병치레도 안 한다고 한다. 두뇌선도 선명할수록 머리가 좋다고 알려져 있다. 두뇌선이 직선형이면 의사나 과학자 등 이공 계열과 맞으며, 곡선이면 감성적인 경우가 많아 인문 계열과 통한다고 한다. 감정선도 마찬가지로 직선에 가까울수록 솔직하고 감정 표현에 직설적이라고 한다.
>
> 수상학에서는 선뿐만 아니라 손의 굴곡도 중요하게 본다. 두께 차이가 있는 손의 굴곡을 '구'라고 한다. 태양계를 본떠 만든 '구' 역시 많은 의미를 담고 있다. 생명선과 엄지의 안쪽을 금성구라고 한다. 이곳이 두툼하게 발달한 사람은 운동을 잘하며 정이 많다고 해석한다. 금성구 반대편에 있는 언덕은 '월구'라고 하는데, 이곳이 발달하면 예술가의 기질이 많다고 한다. 검지 아래 부분에 명예와 권력을 의미하는 목성구, 중지 아래 종교적 믿음의 정도를 나타내는 토성구가 있으며, 약지 아래의 태양구는 인기가 많은 사람이, 새끼손가락 아래의 수성구는 사업적 기질이 풍부한 사람들이 많다고 한다.
>
> 이를 근거로 할 때, 가운데에 뻗어 있는 선이 굵고 짙으며 곡선형이면서, 월구가 아주 두툼하게 솟아 있다면 □□□□□□□ 사람이라고 해석한다.

① 머리가 좋고, 예술가 기질이 있는

② 재물 운이 따르고, 신앙심이 깊은

③ 건강하게 오래 살고, 성격이 온순한

④ 감정의 굴곡이 심하고, 운동을 잘하는

05 (가)와 (나)를 전제로 할 때 빈칸에 들어갈 결론으로 가장 적절한 것은?

> (가) 수학을 좋아하는 어떤 사람은 영어를 좋아한다.
> (나) 수학을 좋아하는 모든 사람은 도서관에 자주 간다.
> 따라서 ☐☐☐☐☐☐☐☐☐☐☐☐☐☐☐☐☐☐

① 영어를 좋아하는 사람은 모두 수학을 좋아한다.

② 영어를 좋아하는 어떤 사람은 도서관에 자주 간다.

③ 도서관에 자주 가는 사람은 모두 수학을 좋아한다.

④ 수학을 좋아하는 어떤 사람은 도서관에 자주 가지 않는다.

06 (가)와 (나)의 사례로 이끌어낼 수 있는 주제는?

> (가) 1943년 11월 14일. 공연을 몇 시간 앞두고, 뉴욕 필하모닉의 세계적인 지휘자 브루노 발터가 갑자기 몸이 아파서 지휘를 못하게 되는 비상사태가 발생했다. 할 수 없이 부지휘자로 있던 사람들 중에서 한 사람이 대신 지휘를 맡게 되었다. 그런데 관객들에게서 전혀 뜻밖의 폭발적인 반응이 터져 나왔다. 카리스마 넘치고 열정에 찬 지휘에 관객들이 감동하면서 모두 기립 박수로서 열렬한 환호를 보냈다. 이 무명의 부지휘자가 바로 20세기 최고의 지휘자로 꼽히는 레너드 번스타인이다. 번스타인은 언젠가는 자신이 뉴욕 필하모닉의 수석 지휘자가 될 것이라는 마음으로 브루노 발터가 지휘할 때 같은 곡을 남몰래 연습했다고 한다.
>
> (나) 한국이 자랑하는 세계적 성악가 신영옥이 무명이던 시절, 그녀는 뉴욕 최고의 오페라 극단에서 아주 미미한 역할을 맡고 있었다. 그래도 언젠가는 자신이 주연으로 무대에 오를 날을 꿈꾸며 전 악장의 가사를 모두 외웠다. 어느 날 주연급 프리마돈나가 몸이 너무 아파서 첫 악장을 연기하고는 도저히 더는 못하겠다고 했다. 곧 2막으로 들어가야 하는데, 당장 대신할 사람이 없는 급박한 상황이었다. 그런데 조연들 중에서 자기가 맡은 부분 외의 전 악장을 다 외우고 있는 사람이 한 명 있었으니, 바로 신영옥이었다. 이 뜻밖의 기회로 데뷔하게 되었고, 그녀는 세계적 스타가 되었다.

① 고통스러운 상황에 맞서는 용기와 의지가 필요하다.

② 어려울 때일수록 서로 협동을 하는 자세가 중요하다.

③ 고정관념을 탈피해야 사물의 본질을 바로 볼 수 있다.

④ 미래를 위해 준비하는 자세만이 성공을 가져올 수 있다.

07 다음 글을 이해한 내용으로 적절하지 않은 것은?

2022학년도 3월 고3 전국연합학력평가 변형

식품처럼 개인 차원에서 소비하는 사용재와 달리 공원처럼 여러 사람의 공동 소비를 위해 생산된 재화나 서비스를 공공재라 한다. 공공재에 대한 정의는 다양하지만 공급 주체에 따라 규정되는 것은 아니며 재화나 서비스 자체의 성격에서 규정된다. 정부의 공공재 정책은 공익을 목적으로 하는데, 이 공익이 무엇인가에 대해서는 실체설과 과정설이 있다. 실체설은 사회에서 합의된 절대적 가치, 예를 들어 인권 등을 공익이라 보는 입장이다. 과정설은 공익과 특정 실체의 연결을 부정하고 공익을 발견해 나가는 의사 결정 과정에서의 적절한 절차를 중시한다.

어떤 공익이 다른 공익과 서로 공존하기 어렵거나 적절한 절차를 거치더라도 대립되는 의견이 서로 대등할 경우 정책 딜레마에 빠지기 쉽다. 정책 딜레마는 비교 불가능한 가치나 대안에 대해, 어느 하나의 대안을 선택하면 선택되지 않은 대안이 주는 기회 손실이 크기 때문에 선택이 곤란한 상황을 말한다. 이런 상황이 지속될 경우 정책 집행의 지연이나 논란이 심화되어 사회 전체 비용이 증가한다. 그래서 정부는 정책 딜레마 상황에서 벗어날 수 있는 방법을 꾸준히 탐색해 왔다.

'합리 모형'은 정책 목표와 수단 사이에 존재하는 인과 관계의 적절성 등을 확보하여 딜레마 상황에서 최적의 대안을 선택할 수 있다고 설명한다. 충분한 시간, 예산, 정보 등이 의사 결정자들에게 주어지면 모든 가능한 대안을 검토할 수 있으므로 합리적으로 결정할 수 있다는 것이다. '만족 모형'은 합리 모형이 전제하는 상황은 오지 않기 때문에 최적 수준의 결정보다는 만족할 만한 수준에서의 결정을 강조한다. 선택 상황에 놓인 의사 결정자들의 신속한 결정은 그 결정의 도덕적 속성이나 논리적 속성과는 무관하게 정책 결정의 불확실성을 제거하여 사회에 긍정적으로 작용한다고 본다. 어떤 결정을 하든지 능률적인 방향으로 자원을 배분할 수 있는 시장의 역할을 기대하는 것이다.

정책 딜레마의 지속은 사회 전체의 비용을 급격히 증가시킨다. 충분한 예산과 정보가 갖춰질수록 검토해야 할 시간은 무한대로 늘어나기 때문에 현실에서는 딜레마 지속으로 인한 비용 역시 대폭 증가한다. 이런 점에서 만족 모형은 주어진 시간과 예산이 부족하여 어쩔 수 없이 받아들여지는 결정이 아니라 딜레마 상황의 지속에 빠지지 않으려는 의사 결정자들의 전략으로 채택될 수 있다.

① 정책이 추구해야 할 목적으로 사회적으로 합의된 절대적 가치를 중시하는 것은 실체설이다.

② 과정설은 어떤 특정 이익도 적절한 절차를 따랐을 경우 공익으로 간주될 수 있다는 특징이 있다.

③ 마을에서 운영하는 도서관이 모든 시민이 함께 이용하는 성격을 띤다면 공공재라고 할 수 있다.

④ 공익의 실체가 분명하고 정부 관료들이 준수해야 할 적절한 절차가 있다면 정책 딜레마 상황에 놓이지 않는다.

08 다음 진술이 모두 참일 때 반드시 참인 것은?

○ 나무를 좋아하는 사람은 새를 좋아한다.
○ 하늘을 좋아하는 사람은 꽃을 좋아하며 숲을 좋아한다.
○ 숲을 좋아하는 사람은 나무를 좋아한다.

① 숲을 좋아하는 사람은 꽃을 좋아한다.

② 꽃을 좋아하는 사람은 자연을 좋아한다.

③ 새를 좋아하는 사람은 하늘을 좋아한다.

④ 하늘을 좋아하는 사람은 새를 좋아한다.

열대 지방의 바다에서 발생하는 열대 저기압은 장소에 따라 태풍, 허리케인, 사이클론으로 이름이 다르다. 그중에서 태풍은 북태평양 서쪽 북위 5~25°, 동경 120~160°의 광범위한 열대 바다에서 수온이 25℃ 이상일 때 발생한다. 이 지역 바다는 북동 무역풍과 남동 무역풍이 수렴하는 곳이다. 이 수렴대는 계절에 따라 변동하기 때문에 태풍의 발생 위치가 바뀐다. 열대 저기압은 높은 해수면 온도와 풍부한 수증기의 양이라는 조건이 충족되면서 태풍으로 발달하게 된다.

우리나라에서는 열대 폭풍, 곧 중심 부근의 최대 풍속이 17m/s 이상일 때를 보통 태풍이라고 한다. 약한 열대 저기압 단계는 중심 부근의 최대 풍속이 17m/s 미만으로, 저기압 중심의 기압이 하강하고 닫힌 등압선이 형성되어 중심으로 공기가 모여든다. 이때 중심에서 바람이 약하고 구름이 적은 구역인 '태풍의 눈'의 특성이 약하게 나타나기도 한다. 태풍의 크기는 풍속 25m/s 이상의 폭풍권의 반지름으로 구분된다. 태풍의 강도는 중심 기압과 최대 풍속으로 구분되는데 중심 기압이 낮을수록, 최대 풍속이 높을수록 태풍의 강도가 세다.

태풍의 이동 경로는 발생하는 월별로 조금씩 다르다. 태풍이 발생하는 저위도 지방은 북동 무역풍이 우세하므로 태풍은 동풍을 타고 서쪽을 향하면서 북상한다. 그것은 태풍의 북쪽으로 움직이려는 힘과 무역풍이 북동에서 남서로 미는 두 힘의 합력으로 태풍은 저위도에서는 북서진하게 된다. 북상하다 북위 30도 부근에서는 편서풍을 만나 전향하여 편서풍을 타고 북동쪽으로 우리나라를 향해 북상하게 된다. 우리나라에 큰 영향을 주는 7월의 태풍은 대만 부근에서 중국 연안에 상륙했다가 북쪽으로 방향을 틀며 서해를 거쳐 우리나라 쪽으로 진행한다. 8월의 태풍은 동중국해에서 방향을 틀어 우리나라를 가로질러 동해로 진행하고, 9월의 태풍은 오키나와 해상에서 전향하여 일본 열도 쪽으로 진행하며, 10월의 태풍은 일본 열도 남쪽 해상으로 지나간다. 그러나 경우에 따라 이러한 정상 경로로 진행하지 않는 태풍도 존재한다.

태풍은 육지에 상륙하면 급격히 쇠약해진다. 태풍의 에너지원은 따뜻한 해수로부터 증발되는 수증기가 응결할 때 방출되는 잠열이기 때문에, 동력이 되는 수증기(바닷물)의 공급이 중단되면 점점 약해진다.

① 태풍의 발생 위치는 계절에 따라 달라진다.
② 태풍이 언제나 정상 경로에 따라 이동하는 것은 아니다.
③ 태풍은 바다와 육지의 경계를 넘나들면서 에너지를 얻는다.
④ 태풍의 크기는 폭풍권의 반지름을 기준으로 가늠할 수 있다.

10 다음 글의 ㉠이 나타난 사례에 포함되지 않는 것은?

각종 정치 현안들이 떠오르면서 국민들을 상대로 한 여론 조사에 대해서 많은 의문이나 비판이 제기되고 있다. 여론 조사의 문제점으로 빈번하게 거론되고 있는 것은 여론 조사의 결과를 과연 믿을 수 있겠는가 하는 점과 또한 그것이 과연 진정한 여론을 포착한 것인가 하는 점이다. 그리고 여론 조사에 대한 비관적 인식은 응답하는 국민들의 말을 믿지 못하겠다는 것보다는 국민들을 상대로 한 여론 조사 방법에 문제가 있다는 데 초점이 모아진다.

그중 하나가 여론 조사를 할 때의 질문이나 문항 구성이 국민들을 일정한 방향으로 유도하게 한다는 것이다. 응답자의 반응을 어떤 방향으로 유도하는 내용을 ㉠ 필터(filter)라고 하는데, 필터가 없는 경우가 가장 공평한 질문이라고 할 수 있다. 대체로 어떤 대상이나 현상에 대해 확고한 신념을 가진 시민들은 질문이나 문항의 내용에 큰 영향을 받지는 않지만, 그중 법적으로 평가하는 유권자나 정치에 관심이 없는 유권자는 질문이나 문창 내용에 따라 큰 반응의 차이를 보이게 된다. 긍정적 문장으로 유권자에게 일정한 암시를 준 경우 긍정적 반응이, 부정적 문장으로 내용이 구성된 경우 부정적 반응이 많아지게 되는 것이다. 흔히 여론 조사를 실시하는 기관마다 특정 지도자에 대한 지지도나 어떤 정책에 대한 지지도에서 큰 차이를 보이는 것은 사용한 필터가 서로 달랐기 때문인 경우가 많이 있다.

① 우리 도의 도지사는 도민들의 숙원이었던 지하철 건설을 완결했습니다. 이에 대해 어떻게 생각하십니까?

② 김○○ 시장이 취임한 지 1년이 되었습니다. 1년 동안 현 시장의 행정 능력에 대해 어떻게 생각하십니까?

③ 우리 시에 공원이 들어서면 많은 시민들에게 편안한 휴식과 위안을 줄 것입니다. 이에 대해 어떻게 생각하십니까?

④ 학교 밖 100m 부근에도 어린 학생들의 교통사고가 빈번합니다. 어린이 보호 구역 축소에 대해 어떻게 생각하십니까?

약점 보완 해설집 p.2

소요시간   분   초 (총 10문항 / 10분)

01 다음 글의 빈칸에 들어갈 말로 가장 적절한 것은?

2018년도 국가직 5급 변형

우주론자들에 따르면 우주는 빅뱅으로부터 시작되었다고 한다. 빅뱅이란 엄청난 에너지를 가진 아주 작은 우주가 폭발하듯 갑자기 생겨난 사건을 말한다. 그게 사실이라면 빅뱅 이전에는 무엇이 있었느냐는 질문이 나오는 게 당연하다. 아마 아무것도 없었을 것이다. 하지만 빅뱅 이전에 아무것도 없었다는 말은 무슨 뜻일까? '빅뱅 이전에 아무 일도 없었다'는 말을 [   ]고 해석하는 방법도 있다. 그 경우 '빅뱅 이전'이라는 개념 자체가 성립하지 않으므로 그 이전에 아무 일도 없었던 것은 당연하다. 그렇게 해석한다면 빅뱅이 일어난 이유도 설명할 수 있게 된다. 즉 빅뱅은 '0년'을 나타내는 것이다. 시간의 시작은 빅뱅의 시작으로 정의되기 때문에 우주가 그 이전이든 이후이든 왜 탄생했느냐고 묻는 것은 이치에 닿지 않는다.

① 빅뱅 이전에는 공간만 있었다
② 빅뱅 이전에는 시간도 없었다
③ 시간은 변화와 무관하다
④ 빅뱅과 우주의 시작은 무관하다

02 다음 진술이 모두 참일 때 반드시 참인 것은?

○ '갑'은 '을'보다 연봉이 높다.
○ '병'은 '정'보다 연봉이 높지 않다.
○ '정'은 '을'보다 연봉이 높지 않다.

① '갑'은 '병'보다 연봉이 높지 않다.
② '을'은 '갑'보다 연봉이 높다.
③ '병'은 '을'과 연봉이 같을 수도 있다.
④ '정'은 '갑'보다 연봉이 높다.

03 (가)~(라)를 맥락에 맞추어 가장 적절하게 나열한 것은?

니체는 그리스 비극을 연구하면서 예술이 가진 두 가지 속성으로 아폴론적 속성과 디오니소스적 속성을 들었다.

(가) 이에 따라 아폴론이 인간의 이성, 조화와 질서를 의미한다면 디오니소스는 동물적 본능, 열광과 도취를 상징한다. 니체는 아폴론적 속성이 잘 드러나는 예술로 조형 예술과 서사시를, 디오니소스적 속성이 잘 드러나는 예술로는 음악과 서정시를 꼽았다.

(나) 그리스 신화에서 아폴론은 태양과 예언 등을 주관하는 신이며, 디오니소스는 포도주와 연극의 신이다.

(다) 이에 반해 음악과 서정 문학은 인간의 동물적 본능, 광기 등을 있는 그대로 표출하며 개별적 존재를 해체해 만물이 혼연일체가 되게 한다. 즉 음악과 서정 문학은 그 자체로 우리의 마음을 뒤흔들어 '도취'하여 '환영'을 보게 한다는 것이다.

(라) 그에 따르면 조각과 회화 같은 조형 예술은 인간의 이성을 통해 사물을 시각적으로 형태화하여 표현하려 한다. 서사시 또한 이성을 활용하여 사실적 내용을 기술한다.

니체는 이 대조적인 두 가지 속성의 결합에 의해 예술이 발전해 왔다고 보았다. 또한 이 두 요소가 가장 이상적으로 결합된 예술이 바로 그리스 비극이라고 여겼다.

① (나)-(가) -(라)-(다)
② (나)-(다) -(가)-(라)
③ (라)-(나) -(가)-(다)
④ (라)-(나) -(다)-(가)

04 글쓴이가 전달하려는 중심 내용으로 가장 적절한 것은?

연철과 분철 중에서 연철은 발음을 충실히 반영한다는 장점이 있다. 그런데도 현행 표기법이 분철을 채택한 것은, 그 방식이 형태소의 모습을 시각적으로 고정해 주는 효과가 있기 때문이다. 가령, '머그니, 머거서'라고 표기할 때보다는 '먹으니, 먹어서'라고 표기할 때 '먹–'이 한 모습으로 드러난다. 이때 '먹–'은 한자의 '食'처럼 의미를 시각적으로 보여 준다는 점에서 표의 문자와 별반 다를 바 없다. 이는 모든 자음을 받침으로 허용하는 것과도 관련된다. 결국 어떤 형태소가 늘 한 모습으로 나타나는 것이, 우리가 그 의미를 빠르게 인식하게 하는 길인 것이다.

① 표기법은 자주 바뀌지 말아야 언어생활에 혼란을 주지 않는다.
② 표기법은 언중들이 가장 편하게 익힐 수 있는 것이 바람직하다.
③ 표기법은 발음에서 다소 멀어지더라도 의미를 드러내는 것이 중요하다.
④ 표기법은 음성 언어를 시각적으로 보여 주는 것을 목표로 삼아야 한다.

05 다음 글을 바탕으로 <보기>를 이해할 때, ㉠과 ㉡에 들어가기에 적절한 것은?

방어기제들은 자기기만을 통하여 작용하는 정신적 책략이다. 흔히 나타나는 방어기제로는 '투사'와 '전위'가 있다. 투사는 자신의 생각, 느낌, 또는 동기를 타인에게 귀인하는 것을 의미한다. 예를 들어, 당신이 직장 상사를 싫어하는 경우, 자신은 그 상사를 좋아하지만 상사가 자신을 좋아하지 않는다고 여기는 것이 투사이다. 전위는 원래의 원천에서 대리 목표로 정서적인 느낌을 돌리는 것을 의미한다. 예를 들어, 당신의 상사가 직장에서 당신을 힘들게 했을 때 집에 와서 문을 쾅 닫고 당신의 배우자에게 소리를 지른다면 당신은 분노를 부적절한 목표에 전위한 것이다.

'반동 형성', '퇴행', 그리고 '동일시'도 두드러진 방어기제의 하나이다. 반동 형성은 자신의 진짜 느낌과는 정확하게 정반대의 방향으로 행동하는 것을 의미한다. 속으로는 좋아하는 사람에게 겉으로는 툴툴거리는 행동을 하는 것이 한 예이다. 퇴행은 미성숙한 행동 패턴으로 되돌아가는 것과 관련이 있다. 자기 가치에 관해 불안할 때, 일부 성인들은 어른답지 않은 자랑이나 허풍으로 반응하는 것과 같은 것이 퇴행이다. 동일시는 어떤 사람이나 집단과 가상적이거나 진짜 동맹을 맺음으로써 자존감을 강화하는 것을 의미한다. 예를 들면, 청소년들은 종종 가수, 영화배우, 혹은 유명한 운동선수들과 동일시하여 자기 가치에 대한 불확실한 느낌을 없애고자 한다.

〈보 기〉
속담 중에는 방어기제로 설명할 수 있는 것들이 종종 있다. 예컨대, '종로에서 뺨 맞고 한강에서 눈 흘긴다.'는 ㉠ , '미운 아이 떡 하나 더 준다.'는 ㉡ 과 관련 깊은 속담이다

	㉠	㉡
①	퇴행	전위
②	동일시	퇴행
③	전위	반동 형성
④	반동 형성	투사

06 ㉠의 견해에 대한 이해로 적절하지 않은 것은?

> ㉠ 흄은 도덕적 가치인 선과 악이 객관적 실재라기보다는 주관적인 느낌의 문제라고 보았다. 다시 말해, 선악은 우리가 어떤 행위를 바라볼 때 느끼는 쾌감이나 불쾌감을 표현한 것에 불과하다는 것이다. 또한 도덕적 판단과 행위를 이끄는 가장 중요한 요인은 이성이 아닌 감정으로 보았다. 도덕에서는 무엇보다도 실천이 중요한데, 감정은 행위의 동기가 될 수 있지만 이성은 그렇지 못하기 때문이다.
> 그래서 그는 인간이 가진 동정심에서 윤리의 근원을 찾고자 하였다. 윤리적인 문제는 타자와의 관계에서 내가 어떤 행위를 하는 것이 올바른가 하는 문제로 표현될 수 있다. 이때 흄은 동정심이 자신의 이익을 넘어서서 행동할 수 있게 해 주는 중요한 윤리적 근거라고 생각했다. 자신에게는 별다른 이익이 생기지 않더라도 동정심을 가지고 있기 때문에 인간은 타자의 고통에 대해 함께 아파할 수 있다는 것이다. 하지만 흄이 말하려 했던 동정심은 동양의 윤리에서 맹자가 말하는 동정심과는 차이가 있다. 흄에 따르면 치통을 앓는 친구의 고통에 대해서 우리가 확실히 알 수 있는 것은 단지 그가 치통을 앓고 있다는 사실과 그 고통 때문에 인상을 쓰면서 땀을 뻘뻘 흘리고 있다는 사실 뿐이다. 이런 사실을 바탕으로 우리는 친구의 고통을 추론하고 있을 뿐이다. 따라서 만약에 우리가 치통이나 그와 유사한 고통을 이전에 겪어보지 않았다면 우리는 그 친구의 고통에 결코 공감할 수 없다는 것이다. 만약 흄의 지적이 옳다면 친구의 고통에 대한 우리의 동정심은 과거 고통에 대한 우리의 지나간 경험과 그에 대한 기억 능력에 기대어 있는 것에 불과한 것이다. 물론 인간의 경험은 대부분 타인의 경험과 유사한 경우가 많기 때문에, 우리가 느끼는 동점심은 현실적으로 타자에 대한 고통을 직접 느끼는 것처럼 작동하는 경우가 대부분일 뿐인 것이다.

① 윤리적 행위의 근원을 인간의 이성에서 찾고자 하였다.

② 인간의 도덕적 행위는 이성이 아니라 감정에 의해 촉발되는 것으로 보았다.

③ 선이란 실재하는 가치가 아니라 어떤 행위를 통해 얻게 되는 쾌감이라고 생각했다.

④ 동정심을 타자의 고통에 대한 인식에서 촉발된 자신의 고통에 대한 기억과 관련 있는 것으로 보았다.

07 다음 결론이 참이 될 때, 빈칸에 들어갈 전제로 가장 적절한 것은?

> 전제 1. 매주 일요일마다 소개팅을 하는 사람은 결혼 정보 업체 회원이다.
> 전제 2. ☐☐☐☐☐☐☐☐☐☐☐
> 따라서 결혼 정보 업체 회원이 아닌 사람은 내년에 결혼을 하고 싶지 않은 것이다.

① 결혼 정보 업체 회원이 아닌 사람은 매주 일요일마다 소개팅을 한다.

② 내년에 결혼을 하고 싶지 않은 사람은 결혼 정보 업체 회원이 아니다.

③ 내년에 결혼을 하고 싶지 않은 사람은 매주 일요일마다 소개팅을 하지 않는다.

④ 매주 일요일마다 소개팅을 하지 않는 사람은 내년에 결혼을 하고 싶지 않은 것이다.

08 다음 글에서 추론한 내용으로 적절하지 않은 것은?

사람은 언제부터 웃었을까? 최근 영국 한 대학의 연구팀이 사람과 영장류의 웃음은 1000만 년에서 1600만 년 전에 살았던 공통 조상으로부터 물려받은 것이라는 연구 결과를 학술지에 발표했다.

연구팀은 침팬지와 고릴라, 오랑우탄, 보노보 등 어린 영장류 22마리와 사람 아기 3명을 간질이면서 이들이 내는 웃음소리를 800여 차례 녹음했다. 이를 분석한 결과, 각 소리를 구성하는 성분의 특징이 일부 비슷하게 나타난다는 사실을 알아냈다. 분석 결과의 공통점과 차이점을 바탕으로 연구팀은 각 종의 웃음소리 연관성을 보여주는 도표를 만들었는데, 흥미롭게도 이 도표는 종 자체의 진화적, 유전적인 계통 관계와 상당 부분 일치하는 것으로 나타났다. 계통적으로 사람과 먼 오랑우탄과 긴팔원숭이는 사람과 가장 다른 웃음소리를 냈고, 다음으로 비슷한 것은 고릴라였으며, 침팬지와 보노보의 순서대로 웃음소리가 사람과 가장 비슷했다. 이 연구를 통해 웃음소리가 변해온 패턴이 인간과 영장류가 갈라진 진화 과정과 밀접한 관계가 있음을 알게 된 것이다.

물론 사람과 영장류의 웃음소리에는 분명한 차이도 발견됐다. 사람은 보통 숨을 내쉬면서 웃음소리를 내지만 침팬지는 숨을 내쉬고 들이쉴 때 모두 웃음소리를 낸다고 한다. 또 사람의 웃음소리는 영장류보다 규칙적인 것으로 분석됐는데, 이것은 웃을 때 성대의 떨림이 더 규칙적으로 일어나기 때문이다. 성대의 떨림이 사람과 가장 비슷한 종은 보노보였다. 영장류마다 웃음소리에 조금씩 차이가 있다는 사실도 밝혀졌다. 고릴라와 보노보는 한 번 웃음이 지속되는 시간이 호흡 주기보다 서너 배 길다고 한다.

① 웃음소리와 성대의 떨림은 서로 연관성이 있다.

② 보노보의 성대 떨림은 다른 영장류보다 규칙적이다.

③ 사람과 침팬지가 웃음소리를 내는 방법은 서로 동일하다.

④ 오랑우탄과 긴팔원숭이의 웃음소리가 사람과 가장 다르다.

09 ㉠에 대한 반응으로 적절한 것만을 <보기>에서 모두 고르면?

우리나라처럼 국토가 좁은 나라에서는 대도시를 중심으로 한 도시 성장이 어렵다. 그래서 최근 ㉠ 네트워크 도시에 대한 관심이 높아지고 있다. '네트워크 도시'란 독립적인 기반을 가지고, 서로 다른 기능을 하는 중소도시들이 상호 협력하며 수평적 관계로 연결된 망을 의미한다. 예를 들면 생산망을 갖춘 중소도시와 판매망을 구축하고 있는 중소도시를 연결하여 하나의 도시처럼 움직이게 하는 것이다. 즉 기존의 대도시 중심 성장 전략과는 차별화된 전략이다. 이런 네트워크 도시를 형성하는 데 있어서 가장 중요한 것은 개별 도시끼리의 상호협력이다. 네덜란드의 란트스타트는 상업 서비스 중심인 암스테르담, 제조업과 운송 중심인 로테르담, 공공 행정 중심인 헤이그 등이 연결되어 이루어진 도시권역이다. 각각의 개별 도시들의 크기는 크지 않지만 이들은 긴밀하게 상호 협력함으로써 세계에서 대표적인 네트워크 도시로 인정받고 있다. 네트워크 도시는 상호 협력의 전략으로 도시를 성장시킨다는 이점이 있다. 그러나 문제점도 있다. 도시가 무분별하게 외곽으로 퍼져 나가는 스프롤 현상이 대표적인 문제점이다. 도시와 도시 사이에 주거지가 늘면서 도로와 같은 기반 시설비용이 증가된다. 이러한 현상은 도시들끼리의 연결이 충분한 수준으로 이루어지지 않았기 때문이다. 이럴 경우 개별 도시의 기능도 제대로 연결되기 어렵다. 이러한 문제점을 해결하기 위한 방안은 다음과 같다. 교통과 정보 통신 시설은 도시들을 묶어주는 기반 시설이므로, 이에 대한 계획과 투자에 도시들이 함께 참여해야 한다. 또한 개별 도시들의 이해관계와 갈등을 조율해서 상호 협력을 위한 운영 시스템을 갖출 필요가 있다.

〈보 기〉

ㄱ. 대도시 중심으로 이루어진 도시 성장의 한계를 극복할 수 있는 새로운 도시 성장 전략이로군.

ㄴ. 개별 도시 간의 연결이 원활하게 이루어지지 않으면 도시의 외곽이 무분별하게 퍼져 나갈 수도 있겠군.

ㄷ. 기능이 유사한 개별 도시들이 묶여서 이루어지는 새로운 도시이므로 시너지 효과를 기대할 수 있겠군.

① ㄱ

② ㄱ, ㄴ

③ ㄴ, ㄷ

④ ㄱ, ㄴ, ㄷ

10 다음 글에서 추론한 내용으로 가장 적절한 것은?

2019년도 국가직 5급 변형

조선왕조실록은 조선 시대 국왕의 재위 기간에 있었던 중요 사건들을 정리한 기록물로 역사적인 가치가 크다. 이에 유네스코는 태조부터 철종까지의 시기에 있었던 사건들이 담긴 조선왕조실록 총 1,893권, 888책을 세계 기록 유산으로 등재하였다.

실록의 간행 과정은 상당히 길고 복잡했다. 먼저, 사관이 국왕의 공식적 언행과 주요 사건을 매일 기록하여 사초를 만들었다. 그 국왕의 뒤를 이어 즉위한 새 왕은 전왕(前王)의 실록을 만들기 위해 실록청을 세웠다. 이 실록청은 사초에 담긴 내용을 취사선택해 실록을 만든 후 해산하였다. 이렇게 만들어진 실록은 전왕의 묘호(廟號)를 붙여 '○○실록'이라고 불렀다. 이런 식으로 일이 진행되다보니 『철종실록』이 고종 때에 간행되었던 것이다.

한편 정변으로 왕이 바뀌었을 때에는 그 뒤를 이은 국왕이 실록청 대신 일기청을 설치하여 물러난 왕의 재위 기간에 있었던 일을 '○○○일기(日記)'라는 명칭으로 정리해 간행했다. 인조 때 『광해군실록』이 아니라 『광해군일기』가 간행된 것은 바로 이 때문이다. '일기'는 명칭만 '실록'이라고 부르지 않을 뿐 간행 과정은 그와 동일했다. 그렇기 때문에 '일기'도 세계 기록 유산으로 등재된 조선왕조실록에 포함된 것이다. 『단종실록』은 특이한 사례에 해당된다. 단종은 계유정난으로 왕위에서 쫓겨난 후에 노산군으로 불렸고, 그런 이유로 세조 때 『노산군일기』가 간행되었다. 그런데 숙종 24년(1698)에 노산군이 단종으로 복위된 후로 『노산군일기』를 『단종실록』으로 고쳐 부르게 되었다.

조선 후기 붕당 간의 대립은 실록 내용에도 영향을 미쳤다. 선조 때 동인과 서인이라는 붕당이 등장한 이래, 선조의 뒤를 이은 광해군과 인조 때까지만 해도 붕당 간 대립이 심하지 않았다. 그러나 인조의 뒤를 이어 효종, 현종, 숙종이 연이어 왕위에 오르는 과정에서 붕당 간 대립이 심해졌다. 효종 때부터는 집권 붕당이 다른 붕당을 폄훼하기 위해 이미 만들어져 있는 실록을 수정해 간행하는 일이 벌어졌다. 수정된 실록에는 원래의 실록과 구분해 '○○수정실록'이라는 명칭을 따로 붙였다.

① 『효종실록』은 현종 때 설치된 실록청이 간행했을 것이다.

② 『노산군일기』는 간행되지 않다가 숙종 때에 와서야 일기청이 간행했을 것이다.

③ 『광해군일기』는 세계 기록 유산으로 등재된 조선왕조실록에 포함되어 있지 않을 것이다.

④ 일제 침략기에 편찬된 『고종실록』도 세계 기록 유산으로 등재된 조선왕조실록에 포함되어 있을 것이다.

약점 보완 해설집 p.4

소요시간   분   초 (총 10문항 / 10분)

01 (가)~(라)를 맥락에 맞추어 가장 적절하게 나열한 것은?

> 조직을 이끄는 리더가 갖추어야 할 능력은 무엇일까?
>
> > (가) 따라서 리더는 어떤 상황에서라도 구성원들을 하나로 응집시킬 수 있는 힘이 있어야 한다.
> > (나) 현대사회의 집단은 다양한 사람들로 복잡하게 구성되어 있기 때문에 한순간의 틈이라도 생기면 모래알처럼 흩어지기 쉽다.
> > (다) 예를 들어 오케스트라 지휘자가 다양한 악기 소리를 조화시켜 아름다운 선율을 만들어내듯 리더는 구성원들의 다양한 의견을 조정해서 한목소리를 낼 수 있는 자신만의 방법이 있어야 하는 것이다.
> > (라) 리더는 구성원들을 단결시키는 능력을 가져야 한다.

① (나) - (가) - (라) - (다)
② (나) - (다) - (가) - (라)
③ (라) - (나) - (가) - (다)
④ (라) - (나) - (다) - (가)

02 밑줄 친 부분을 통해 추론할 수 있는 것은?

> 1886년 제8회이자 마지막 인상주의 전시회에 쇠라는 〈라그랑자트섬의 일요일 오후〉라는 그림을 출품했다. 쇠라는 이 그림을 점묘법이라는 새로운 기법으로 그렸다. 점묘법은 마치 컴퓨터의 픽셀처럼 화면에 무수한 색점을 찍어서 이미지를 표현하는 기법을 말한다. 이전의 인상주의 화가들이 빛나는 빛을 그리려 했지만 팔레트 위에서는 색을 섞을수록 탁해져 원하는 밝은 색을 얻을 수가 없었는데, 점묘법은 원색만을 사용하되 일절 색을 섞지 않고 대신 화면 위에 작은 점으로 찍어 나가는 방법으로 이러한 문제를 해결하려 했다.
>
> 점묘법은 분광색과 빛의 합성에 대한 과학적 지식을 토대로 시도되었다. 예를 들어, 주황색을 표현하려면 화면 위에 빨강과 노랑의 작은 점을 무수히 찍어 표현할 수 있다는 물리학자 루드의 〈근대색채학〉 이론을 그림에 적용한 것이다. 이렇게 하면 색의 순도는 유지하면서 보는 이의 망막 위에서 색이 혼합되는 효과를 낳게 된다. 즉, 점묘법은 대상의 즉흥적인 인상을 표현하는 것이 아니라 색채와 빛의 법칙에 따른 과학적 규칙에 따라 표현하려 한 기법인 것이다. 이러한 이유로 비평가 펠릭스 페네옹은 점묘법이 기존의 인상주의와 다르다 하여 '신인상주의'라는 새로운 명칭을 부여하기도 했으며, 예술과 과학을 넘나드는 시도는 이후의 회화 발전에 영향을 미쳤다.

① 빛은 섞이지 않으면 색 자체를 인식할 수 없다.
② 물감을 섞어서는 자연의 모든 색을 표현할 수 없다.
③ 모든 색은 다른 색과 인접해 있어야 고유색이 드러난다.
④ 망막은 서로 다른 색을 혼합하여 새로운 색으로 인식한다.

03 다음 글의 빈칸에 들어갈 내용으로 적절하지 않은 것은?

> 문제의식은 지식인을 지식인답게 해 주는 일종의 조감(鳥瞰) 의식이며 통찰력이다. 그러기에 문제의식이 없는 지식인은 ☐☐☐☐와(과) 같다. 문제의식 없이 살아가는, 자칭 지식인이 있다면 그는 한낱 지식 기사에 지나지 않고, 문제의식 없이 학교에 다니는 젊은 지성이 있다면 그들은 한낱 직장 예비군에 불과하다. 문제의식을 갖추어야만 비로소 그는 지식인다운 삶을 누릴 수 있고 뜻 있는 삶을 누릴 수 있게 될 것이다.

① 사랑이 식은 연인

② 융통성이 없는 학생

③ 사업 의욕이 없는 사업가

④ 전의(戰意)를 상실해 버린 군인

04 빈칸에 들어갈 전제로 가장 적절한 것은?

> ○ 물을 마시지 않으면 얼굴이 건조하다.
> ○ 배가 아프지 않으면 물을 마신다.
> ○ ☐☐☐☐☐☐☐☐☐☐
> 따라서 약을 먹지 않으면 배가 아프다.

① 약을 먹으면 물을 마신다.

② 물을 마시면 약을 먹는다.

③ 얼굴이 건조하면 배가 아프다.

④ 약을 먹지 않으면 얼굴이 건조하다.

05 (가)와 (나)를 전제로 할 때 빈칸에 들어갈 결론으로 가장 적절한 것은?

> (가) 심성이 고운 사람은 인간관계가 원만하다.
> (나) 욕을 즐겨 쓰는 사람은 인간관계가 원만하지 않다.
> 따라서 ☐☐☐☐☐☐☐☐☐☐☐☐☐☐

① 심성이 곱지 않은 사람은 욕을 즐겨 쓴다.

② 욕을 즐겨 쓰는 사람은 심성이 곱지 않다.

③ 인관계가 원만하지 않은 사람은 심성이 곱다.

④ 욕을 즐겨 쓰지 않는 사람은 인간관계가 원만하다.

06 다음 글에서 추론한 내용으로 적절하지 않은 것은?

증명력은 증거능력과는 달리 증거자료가 사실의 판단에 기여할 수 있는 정도, 즉 증거의 실질적인 가치로서의 신빙성을 뜻한다. 증명력 평가는 증거가치가 크고 작은 정도의 차이를 따지는 것으로, 증거능력 평가가 증거능력의 유무만을 가리는 것과는 구별된다. 증거능력이 있다고 해서 증명력이 있는 것이 아니고, 증명력이 있다고 해서 증거능력이 있는 것도 아니다.

증명력 평가는 법관의 자유 판단에 맡겨져 있는데, 이러한 원칙을 자유심증주의라 한다. 증거능력이 있는 증거가 제출되면 증거가치에 대한 판단은 법관의 자유 판단에 따른다. 이때 법관의 판단은 합당한 근거를 배경으로 해야 하며, 단순한 자의적 판단은 정당화되지 않는다. 자유심증주의에 따라 법관은 자유롭게 증거를 취사선택할 수 있고, 모순되는 증거가 있는 경우에 어느 증거를 믿는가도 법관의 자유 판단에 맡겨진다. 신빙성이 없는 증인의 증언이라 할지라도 법관은 일정 부분의 증언을 골라내어 믿을 수도 있다.

① 증거가 사실의 판단에 기여할 수 있는 정도는 법관의 자유 판단에 따른다.

② 법관은 증거능력이 있는 증거 중에서 범죄사실을 판단하는 데 활용할 증거를 선택할 수 있다.

③ 증거가치가 크고 작은 정도에 대한 법관의 판단은 합당한 근거 없이 자의적으로 이루어져서는 안 된다.

④ 법관에 의해 서로 모순된다고 판단된 증거들은 어느 쪽도 증거의 실질적인 가치로서의 신빙성을 인정받을 수 없다.

07 (가)~(라)를 맥락에 맞추어 가장 적절하게 나열한 것은?

문화재란 고고학·역사학·예술 등에서 문화적 가치가 있다고 인정되는 인류 문화 활동의 소산으로, 인류가 반드시 지켜야 할 소중한 자산이다. 그런데 안타깝게도 세월의 흐름에 따라 문화재는 가치를 잃어버리게 된다.

(가) 그래서 평소 보존에 세심한 주의가 필요하고, 사전에 손상 인자를 예측하여 예방하는 것이 중요하다.

(나) 서화는 종이나 옷감 등의 바탕에 안료와 염료 그리고 먹 등을 이용하여 표현되기 때문에 손상 위험에 노출되어 있으며 한 번 손상되면 원형으로 복원하기 어렵다.

(다) 하지만 불가피하게 손상이 발생하였을 경우에는 그 원인과 현상을 정확하게 파악하여 보존 처리를 실시함으로써 가치의 손실을 최소화할 필요가 있다.

(라) 이때 보존 과학을 활용하면 매우 유용하다.

보존 과학은 최첨단 과학 기술로 문화재 내부를 면밀히 분석하여 재질과 제작 기법 등을 밝혀내고 원형이 훼손되지 않는 범위에서 복원하는 것을 말한다. 예를 들어 X-선 촬영을 하면 서화에 사용된 안료의 종류와 손상 상태를 세밀하게 확인할 수 있다.

① (나) - (가) - (다) - (라)

② (나) - (다) - (가) - (라)

③ (다) - (가) - (라) - (나)

④ (다) - (라) - (나) - (가)

08 ㉠의 이유로 가장 적절한 것은?

철학자 칸트는 미적 판단의 기준과 관련하여 플라톤이나 아퀴나스가 말한 절대성과 객관성을 강조하지 않는 대신 미적 판단의 과정을 치밀하게 분석했다. 칸트는 우리가 대상을 보고 아름답다고 판단하려면 '무관심성'과 '합목적성'이라는 중요한 요건이 충족되어야 한다고 말한다. 미적 판단은 오감의 만족이나 도덕 같은 이성의 요구로부터 벗어날 때 비로소 가능한데, 칸트는 이를 무관심성이라고 보았다. 무관심성은 대상을 목적의식 없이 바라보는 것으로 대상 자체를 순수하게 관조하는 태도이다. 그래서 칸트는 순간적으로 다가온 미적 감흥을 분석하려는 순간 오히려 처음 봤을 때의 느낌은 사라져 버린다고 말한다.

한편 합목적성은 아름답다는 느낌을 불러일으키는 심리적 과정에 주목하는 것으로, 조화로운 극치를 이루는 심리적 상태를 가리킨다. 물론 앞서도 언급했듯이 그러한 ㉠ <u>조화로움을 분석하는 순간 순간적으로 직관된 아름다움은 사라진다.</u> 합목적성은 작품을 관조하는 사람의 몫인데, 칸트는 주체의 이러한 심리적 능력을 '상상력(想像力)'이라고 명명하였다. 대상이 드러내는 미와 주체의 상상력이 마주할 때, 주체는 아름다움을 느끼며 즐거워한다. 이때 미적 판단은 이성적 작용이 아니라 감성적인 작용의 결과물이며, 상상력을 통해 대상과 마주한다는 것은 곧 대상과 공감함을 의미한다.

① 상상력이 가미되지 않은 상태의 아름다움은 존재할 수 없기 때문이다.

② 아름다움을 분석하는 순간 아름다움은 주체에서 대상으로 이동하기 때문이다.

③ 사람마다 기준이 달라 하나의 기준으로 아름다움을 표현할 수 없기 때문이다.

④ 아름다움을 느끼는 감정은 대상을 외적 관심 없이 관조할 때 생겨나기 때문이다.

09 ㉠을 이해한 내용으로 적절한 것만을 <보기>에서 모두 고르면?

㉠ <u>한국의 전통 건축</u>은 연속된 공간을 형성하며 서로 유기적으로 연결되어 있어, 서양의 건축처럼 지붕 밑 내부 공간과 지붕 밖 외부 공간으로 명확하게 구분되지 않는 특성을 가지고 있다. 그리하여 각 건물의 내부 영역은 건물에 딸린 외부 영역의 성격까지 규정하게 된다. 이는 내부와 외부 공간을 묶어서 하나의 건물이라는 단위가 구성된다는 의미이다. 즉 한국 전통 건축에서 전체로서의 건축물은 몇 개의 서로 다른 내–외부 영역들의 집합체로 이루어지는데, 이때에는 건축물 주변의 자연까지도 공간의 범주에 포함된다. 이 점이 바로 한국 전통 건축이 가진 중요한 공간적 특성이다.

이처럼 한국 전통 건축이 여러 영역들로 구성된다는 사실은 그만큼 많은 공간적 전이 현상이 내재하고 있다는 것을 의미한다. 여기에서 공간적 전이란 하나의 영역에서 다른 영역으로 진행하는 현상이라고 규정할 수 있다. 전이가 이루어지기 위해서는 각 영역들이 적절히 분리 혹은 차단되면서 동시에 접근이 가능해야 한다. 영역의 분리 방식, 즉 경계요소는 수직적 수준의 변화, 담장이나 벽의 사용, 그리고 건축물의 존재 자체로써 이루어진다. 그러나 각 영역들이 서로가 완벽하게 단절되는 것은 아니다. 열린 듯 닫혀 있거나 안 보이는 듯 보인다는 다소 모호한 표현과도 같이 분리와 연결을 동시에 수반하는 것이 전통적 집합 방식의 전이적 특성이기 때문이다. 이러한 전이 현상은 인간의 이동 행위뿐만 아니라 시각의 이동이라는 감각 체험을 통해서도 일어난다. 보통의 경우 이동과 시각 행위는 동시에 일어나지만 이동 행위가 불가능할 경우라도 시각적으로 연속되는 전이점이 존재하게 되는 것이다.

─────────〈보 기〉─────────

ㄱ. 전이 현상은 인간의 이동 행위를 전제로 한다.

ㄴ. 몇 개의 서로 다른 내부, 외부 영역들이 모여 하나의 건축물을 형성한다.

ㄷ. 접근과 차단이 가능한 각 영역들로 인하여 공간적 전이가 이루어질 수 있다.

① ㄱ   ② ㄱ, ㄴ

③ ㄴ, ㄷ   ④ ㄱ, ㄴ, ㄷ

10 다음 글을 이해한 내용으로 적절하지 않은 것은?

국어의 단어 중에는 두 개 이상의 실질 형태소 또는 단어가 합쳐져 합성어가 될 때 뒤의 예사소리가 된소리로 변하는 일이 있다. 또 합성어를 이룰 때 앞말이 모음으로 끝나고 뒷말이 'ㅁ, ㄴ'으로 시작되면 'ㄴ' 소리가 첨가되고, 앞말의 음운과 상관없이 뒷말이 모음 'ㅣ'나 반모음 'j'로 시작될 때 'ㄴ' 소리가 하나 혹은 둘이 첨가되는 일이 있다. 이러한 음운 변화를 '사잇소리 현상'이라 하는데 이를 표시하기 위해 합성어의 앞말이 모음으로 끝났을 때에 사이시옷을 적는다. 한자(漢子)로 이루어진 합성어의 경우에도 사잇소리 현상이 나타나는 일이 많지만, 한글 맞춤법 제30항에서는 '곳간, 셋방, 숫자, 찻간, 툇간, 횟수'의 여섯 단어만 사이시옷을 적는 것으로 정해 놓고 있다.

하지만 사잇소리 현상을 명쾌하게 설명할 수 있는 뚜렷한 규칙은 찾기가 어렵다. 아침밥[아침빱] / 콩밥[콩밥], 빨랫줄[빨랟쭐] / 고무줄[고무줄], 횟수(回數)[회쑤, 휃쑤] / 회수(回收)[회수, 훼수], 머리말[머리말] / 노랫말[노랜말]과 같은 단어들은 동일한 음운 환경에 놓여 있으나 사잇소리 현상이 일어나기도 하고 일어나지 않기도 하기 때문이다.

위와 같은 현상을 합성어의 '격(格) 구조'로 설명하고자 하는 이론이 있다. '콩밥'은 '콩을 넣어 지은 밥'으로 이때 '콩'은 재료나 도구를 나타내는 도구격의 성격을 지닌다. '고무줄'도 마찬가지이다. 반면 '아침밥'은 '아침에 먹는 밥'으로, 이때 '아침'은 시간이나 장소를 나타내는 '처소격'의 성격을 띤다. 그러므로 합성의 격 구조가 도구격인 경우에는 사잇소리 현상이 일어나지 않고, 처소격인 경우에는 사잇소리 현상이 일어난다고 설명하는 것이다. 그러나 '머리글(글의 머리에 들어가는 글)'은 처소격임에도 사잇소리 현상이 일어나지 않으므로 이러한 설명은 명쾌한 답이 되지 못한다.

한자로 이루어진 합성어를 놓고 볼 때, 한글 맞춤법 제30항은 더 문제가 될 수 있다. 호수(湖水)[호수] / 호수(戶數)[호쑤], 시가(市街)[시가] / 시가(時價)[시까] 등은 표기 형태와 음운 환경이 동일하나 발음을 다르게 한다. 그러나 이때에는 사잇소리 현상이 일어나는 단어에도 사이시옷을 넣지 않는다. 이렇게 사잇소리 현상은 규칙성을 발견하기 어렵다는 문제점을 가지고 있다.

① 대가(大家)[대가] / 대가(代價)[대까]도 한글 맞춤법 제30항의 문제를 지적하는 사례가 될 수 있다.

② '손+등'을 '손등'으로 적는 것과 달리 '내+물'을 '냇물'로 적는 것은 앞말이 모음으로 끝났기 때문이다.

③ '빨랫줄'의 '빨래'는 처소격이 아닌데도 [빨랟쭐]로 발음되므로 격 구조 이론에 맞지 않는 사례가 될 수 있다.

④ '총무과', '촛점'으로 적지 않고, '총무과', '초점'으로 적는 것은 이들 단어에 사잇소리 현상이 일어나지 않기 때문이다.

약점 보완 해설집 p.6

소요시간 　분　 초 (총 10문항 / 10분)

01 다음 글을 이해한 내용으로 적절하지 않은 것은?

> 경주에 부임한 관리 가운데 기생을 더럽게 여겨 가까이하지 않는 사람이 있었다. 사또가 그를 유혹하여 창피를 줄 수 있는 기생이 있다면 큰 상을 내리겠다고 하자 한 기생이 자청하고 나섰다. 기생은 여염집 여자로 꾸며 계략을 써서 관리를 유혹하고는 자기 집으로 불러들여 동침하려는데 여자의 남편이라는 사람이 찾아온다. 여자는 당황한 척하면서 관리를 쌀 궤에 숨겼다. 별거 중인 남편이 자기 소유인 쌀 궤를 가지러 왔다면서 운반해 가려고 하였다. 여자가 강하게 반대하자 결국 쌀 궤를 동헌으로 옮기고 사또의 판결을 받기로 하였다. 사또는 싸우지 말고 톱으로 나눠 한 쪽씩 가져가라고 하면서 톱을 가져오게 하였다. 톱질하는 소리가 들리자 쌀 궤 속의 관리가 살려 달라고 소리쳤다. 놀란 사람들이 쌀 궤를 열어 보니 벌거벗은 관리가 밖으로 나왔다. 결국 그 관리는 많은 사람 앞에서 망신을 당한다.

① 기생은 상을 받기 위해 스스로 사또에게 협력하고 있다.

② 여러 사람이 짜고 한 사람을 골탕 먹이려고 연극을 꾸미고 있다.

③ 궤 속 인물은 자신을 골탕 먹이려는 계획을 모의한 것을 알고 있었다.

④ 사또는 재판관 역할을 맡는 등 계략을 꾸민 사건에 직접적으로 개입하고 있다.

02 (가)~(다)를 맥락에 맞추어 가장 적절하게 나열한 것은?

> 사진기가 발명된 직후의 사진작가들은 사진의 '프레임(frame)'을 사물을 둘러싼 그림의 액자와 같이 생각했다.
>
> (가) 따라서 파인더를 통해 사진을 내다보면 그 네모난 파인더의 물리적 형태가 사진의 테두리로 남는 것, 이것이 프레임이라고 생각했던 것이다.
>
> (나) 더욱이 이 프레임은 이미 사진기의 파인더에 의해 사각형으로 정해져 있으므로, 사진작가는 그 파인더를 통해 내다보면서 자기가 찍고 싶은 만큼의 범위를 정해 셔터를 누르기만하면 되고, 그것으로 사진의 액자는 저절로 형성된다고 보았다.
>
> (다) 그것은 사물과 사물 사이에 금을 그어 구분 짓는 선으로나 보일 뿐이라는 것이다.

① (나) – (가) – (다)

② (나) – (다) – (가)

③ (다) – (가) – (나)

④ (다) – (나) – (가)

03 다음 글의 빈칸에 들어갈 표현으로 가장 적절한 것은?

> 생각과 영혼에 공감대가 없으면 인간관계가 투명하고 살뜰해질 수 없다. 따라서 공통적인 지적 관심사가 전제되어야 한다. 모처럼 친구끼리 만나서 이야기를 나누면서 공통적인 지적 관심사가 없기 때문에 만남 자체가 빛을 잃는 일이 얼마나 많은가. 끊임없이 탐구하는 사람만이 지적 관심사를 지닐 수 있다.
>
> 사람은 저마다 따로따로 자기 세계를 가꾸면서도 공유(共有)하는 만남이 있어야 한다. 어느 시인의 표현을 빌려 말하자면, 「_____」처럼 그런 거리를 유지해야 한다. 공유하는 영역이 넓지 않을수록 깊고 진하고 두터워진다. 공유하는 영역이 너무 넓으면 다시 범속(凡俗)에 떨어진다.

① 서로 가까워질수록 일심동체가 되어 가는 사람들

② 한 가락에 떨면서도 따로따로 떨어져 있는 거문고 줄

③ 하고 싶은 말을 감각적이고 간략하게 표현하는 이모티콘

④ 세계적으로 명성을 얻은 연주가와 그의 손때 묻은 바이올린

04 빈칸에 들어갈 전제로 가장 적절한 것은?

> (가) _____
> (나) 이 세상에 거짓말을 하지 않는 사람은 없다. 그러므로 이 세상에 착한 사람은 없다.

① 나쁜 사람은 거짓말을 한다.

② 착한 사람은 거짓말을 하지 않는다.

③ 어떤 착한 사람은 가끔 거짓말을 한다.

④ 어떤 나쁜 사람은 거짓말을 하지 않는다.

05 다음 글의 밑줄 친 결론을 이끌어내기 위해 추가해야 할 것은?

> 성격이 외향적이지 않은 사람은 사람을 사귀는 것이 어렵다. 외국어를 쉽게 배우지 못하는 사람은 말하는 것을 싫어한다. 따라서 <u>외향적인 성격은 외국어를 쉽게 배운다.</u>

① 내향적인 성격은 말하는 것을 싫어한다.

② 내향적인 성격은 외국어를 쉽게 배우지 못한다.

③ 외향적인 성격은 말하는 것을 좋아한다.

④ 외국어를 쉽게 배우는 사람은 말하는 것을 좋아한다.

06 다음 글의 빈칸에 들어갈 결론으로 가장 적절한 것은?

> 우리는 흔히 의성어와 의태어를 하나의 부류로 생각한다. 그런데 의성어는 자연적 또는 인공적인 소리를 지칭하거나 묘사하기 위해 되도록 그 소리에 가까우면서 해당 언어의 음운과 음절 구조에 맞도록 만든 말을 가리킨다. 반면에 의태어는 비청각적인 감각을 청각 인상인 말로 바꾼 것으로, 시각·촉각·미각·통각(痛覺) 등을 통해 감지되는 상황을 묘사하는 말을 가리킨다. 다시 말해 의성어가 소리를 묘사하는 말이라면, 의태어는 형태를 묘사하는 말이다. 따라서 _____

① 의성어와 의태어는 공통된 특징을 갖고 있다.

② 의성어와 의태어는 하나의 부류로 묶을 수 있다.

③ 의성어와 의태어를 구별하는 기준을 명확히 해야 한다.

④ 의성어와 의태어를 하나의 부류로 뭉뚱그려서는 안 된다.

해커스공무원 해원국어 추론형 독해 적중 하프모의고사

07 다음과 유사한 사례로 가장 적절한 것은?

> 열 파마는 일반 파마가 만들어 낼 수 없는 풍성하고 다양한 모양을 만들 수 있고, 유지되는 기간이 길어서 인기가 높다. 그러나 열 파마는 일반 파마에 비해 머리카락을 훨씬 심하게 손상시킨다. 60~120℃의 고열을 머리카락에 가하면 머리카락이 수분을 흡착하는 능력을 잃고 바싹 말라 버리기 때문이다.

① 태양광 발전은 공해를 유발하지 않는 청정에너지이지만, 날씨의 영향을 많이 받는다.

② 자전거는 자동차를 이용하는 것에 비해 에너지를 절약할 뿐만 아니라, 건강 증진에도 효과가 높다.

③ 지구 온난화로 인해 어떤 지역에는 가뭄이, 또 다른 지역에는 폭우가 계속되는 기상 이변이 나타난다.

④ 과일을 갈아서 먹으면 껍질째 먹는 것보다 체내 흡수율이 높아져 소화가 잘 되지만 비타민 등의 영양소가 손실된다.

08 다음 글에서 추론할 수 있는 것만을 <보기>에서 모두 고르면?
2016년도 국가직 5급 변형

> 예술과 도덕의 관계, 더 구체적으로는 예술작품의 미적 가치와 도덕적 가치의 관계는 동서양을 막론하고 사상사의 중요한 주제들 중 하나이다. 그 관계에 대한 입장들로는 '극단적 도덕주의', '온건한 도덕주의', '자율성주의'가 있다. 이 입장들은 예술작품이 도덕적 가치판단의 대상이 될 수 있느냐는 물음에 각기 다른 대답을 한다.
> 극단적 도덕주의 입장은 모든 예술작품을 도덕적 가치판단의 대상으로 본다. 이 입장은 도덕적 가치를 가장 우선적인 가치이자 가장 포괄적인 가치로 본다. 따라서 모든 예술 작품은 도덕적 가치에 의해서 긍정적으로 또는 부정적으로 평가된다. 또한 도덕적 가치는 미적 가치를 비롯한 다른 가치들보다 우선한다. 이러한 입장을 대표하는 사람이 바로 톨스토이이다. 그는 인간의 형제애에 관한 정서를 전달함으로써 인류의 심정적 통합을 이루는 것이 예술의 핵심적 가치라고 보았다.
> 온건한 도덕주의는 오직 일부 예술작품만이 도덕적 판단의 대상이 된다고 보는 입장이다. 따라서 일부의 예술작품들에 대해서만 긍정적인 또는 부정적인 도덕적 가치판단이 가능하다고 본다. 이 입장에 따르면, 도덕적 판단의 대상이 되는 예술작품의 도덕적 가치와 미적 가치는 서로 독립적으로 성립하는 것이 아니다. 그것들은 서로 내적으로 연결되어 있기 때문에 어떤 예술작품이 가지는 도덕적 장점이 그 예술작품의 미적 장점이 된다. 또한 어떤 예술작품의 도덕적 결함은 그 예술작품의 미적 결함이 된다.
> 자율성주의는 어떠한 예술작품도 도덕적 가치판단의 대상이 될 수 없다고 보는 입장이다. 이 입장에 따르면, 도덕적 가치와 미적 가치는 서로 자율성을 유지한다. 즉 도덕적 가치와 미적 가치는 각각 독립적인 영역에서 구현되고 서로 다른 기준에 의해 평가된다는 것이다. 결국 자율성주의는 예술작품에 대한 도덕적 가치판단을 범주착오에 해당하는 것으로 본다.

〈보 기〉
ㄱ. 자율성주의는 극단적 도덕주의와 온건한 도덕주의가 모두 범주착오를 범하고 있다고 볼 것이다.
ㄴ. 극단적 도덕주의는 모든 도덕적 가치가 예술작품을 통해 구현된다고 보지만 자율성주의는 그렇지 않을 것이다.
ㄷ. 온건한 도덕주의에서 도덕적 판단의 대상이 되는 예술 작품들은 모두 극단적 도덕주의에서도 도덕적 판단의 대상이 될 것이다.

① ㄱ　　　　　　　② ㄴ
③ ㄱ, ㄷ　　　　　④ ㄱ, ㄴ, ㄷ

09 ⊙의 사례로 적절하지 않은 것은?

> 물리학이 마주친 불가사의한 힘 중 하나는 ⊙ '관성'이라고 부르는 것이다. 관성은 힘에 대한 저항으로, 움직임의 변화에 저항하는 힘이다. 관성은 엄밀한 의미에서 힘이 아니다. 관성은 움직이고 있을 때에는 그 상태로 계속 움직이고, 멈춰 있을 때에는 그대로 계속 멈춰 있으려는 경향을 말한다. 뉴턴은 힘을, 어떤 물체의 상태를 변화시키기 위해 그 물체에 미치는 작용으로 정의했다. 그리고 관성은 그러한 상태 변화에 대한 저항의 정도를 나타내는 것이라고 말했다. 물체의 상태를 변화시키기 위해 필요한 힘은 보통 물체의 질량과 비례하므로, 물체의 질량이 클수록 물체의 관성도 커지는 것이 일반적이다.

① 풍선에 공기를 가득 넣은 다음 주둥이를 놓았을 때 풍선이 날아간다.
② 버스가 갑자기 출발하면 버스 안에 서 있던 사람들이 뒤쪽으로 넘어진다.
③ 테니스공보다는 무게가 상대적으로 무거운 볼링공을 위로 높이 던지기가 힘들다.
④ 식탁보를 순간적으로 끌어당겨도 그 위에 놓인 컵은 제자리에 그대로 머물러 있다.

10 글쓴이의 생각으로 가장 적절한 것은?

> 인간이 왜 웃는지를 설명하려는 노력은 플라톤 이후로 계속되어 왔고, 그에 대한 이론도 매우 많다. 웃음에 대한 다양한 견해들 중 몇 가지 유형을 살펴보자.
>
> 우월 이론에서는 인간이 대상을 유쾌하게 내려다보기 때문에 웃는다고 주장한다. 이러한 주장은 플라톤과 아리스토텔레스에서 시작되었다. 플라톤은 사람은 다른 사람의 불행을 보고 웃는다고 했고, 아리스토텔레스는 다른 사람의 결점에서 우스꽝스러움을 느낀다고 말했다. 홉스는 웃음의 원인이 '갑작스럽게 생겨난 자부심'이라고 했다. 다른 사람의 실수를 볼 때 그렇지 않은 자신과 비교하면서 웃는다는 것이다. 그러나 타인의 불행이나 실수가 늘 웃음을 자아내는 것은 아니며, 대상이 겪는 불행이 크면 웃음보다는 동정의 감정이 생겨난다.
>
> 웃음의 본질을 놀람에서 찾는 이론도 있다. 홉스의 '갑작스럽게 생겨난 자부심'에서 '갑작스러움'도 놀람과 관련이 있다. 그러나 놀람 이론의 지지자들은 놀람을 웃음의 가장 중요한 원인으로 본다. 데카르트는 웃음이 충격과 기쁨의 혼합에서 나온다고 하였다. 비슷하게 월만은 웃음이 놀람과 즐거움 양쪽이 모두 포함된 상황에서 나온다고 하였다. 놀람 이론은 대부분의 농담이 다시 들으면 왜 재미가 없는지를 설명해 준다. 그러나 역으로 이전과 똑같은 것임에도 불구하고 여전히 웃음을 유발하는 것에 대해 설명하기에는 힘에 부친다.
>
> 위의 이론들은 웃음에 어떤 식으로든 관련이 되어 있다. 그러나 웃음에 대한 보편적인 이론을 구성하는 것은 무리가 있다고 할 수 있다. 보편적 이론의 구성에 가장 큰 장애는 웃음이 갖는 다양성에서 비롯된다.

① 웃음은 다면체로 이루어진 수수께끼와 같다.
② 웃음은 인간의 정신세계를 비추는 탐조등과 같다.
③ 웃음은 처음과 끝을 알 수 없는 엉킨 실타래와 같다.
④ 웃음은 인생을 매끄럽게 굴러가게 하는 윤활유와 같다.

약점 보완 해설집 p.8

01 다음 글에 대한 이해로 적절하지 않은 것은?

2015학년도 6월 고2 전국연합학력평가 변형

> 1960년대 미국의 학자 맥아더 등은 "군집에 따라 종의 수가 왜 다른가?"라는 의문을 지니고, 섬을 활용해 이를 연구했다. 섬은 육지보다 좁고 주변 군집들과 격리되어 있어 종의 수 연구에 적합한 환경을 제공하였기 때문이다. 이들은 종의 이입률과 멸종률, 섬의 면적, 육지로부터의 거리 등이 섬의 종 다양성을 결정하는 요인이라고 설명하였는데, 이를 '섬 생물지리 평형설'이라고 부른다.
>
> 이 학설에 따르면, 이입률과 멸종률을 통해 섬의 종 수가 결정되는 과정을 알 수 있다. 이입률은 새로운 종이 일정 기간 섬으로 이입되는 비율이고, 멸종률은 섬에 있던 기존 종이 일정 기간 사라지는 비율이다. 육지는 섬으로 이주해 가는 종의 공급원으로, 육지의 종 수가 섬으로 이입되는 종 수에 영향을 준다. 식물의 종자와 작은 절지동물 등은 바람을 타고 섬에 도달하고, 조류 같은 일부 동물은 자력으로 섬에 도달한다. 섬에 기존 종이 적을 때는 새로운 종의 이입률이 높다. 그러나 시간이 지나면서 많은 종들이 섬에 서식하게 되므로, 육지에서 섬으로 이입될 수 있는 새로운 종 수가 적어지고 이입률은 감소한다. 일단 한 종이 섬에 이입되면, 개체수가 늘어나고 한동안 존속한다. 그러나 섬의 종 수가 증가함에 따라 경쟁과 포식자─피식자 상호작용으로 일부 종들이 사라지면서 멸종률이 높아진다. 이렇게 이입과 멸종이 진행되는 유동적인 상태를 거쳐, 종의 이입률과 멸종률이 같아지면 평형 상태에 놓여, 섬의 종 수가 비교적 안정된 상태를 유지하게 된다.

① 섬의 환경이 육지보다 종의 수를 연구하기에 적합하다.

② 육지의 종 수는 섬으로 이입되는 종의 수에 영향을 준다.

③ 섬의 종 수는 경쟁과 포식자─피식자의 상호작용에 따라 달라진다.

④ 평형 상태는 새로운 종의 이입과 기존 종의 멸종이 더는 안 일어난다.

02 (가)~(다)를 근거로 할 때, 추론할 수 있는 것은?

> (가) 혈관성 치매는 뇌혈관의 손상으로 인해 발생하는 질병이다.
> (나) 간단한 운동이나 식습관 개선을 통해 쉽게 깨끗한 혈관을 유지할 수 있다.
> (다) 뇌세포는 몸의 다른 세포와는 달리, 한번 손상되면 재생이 되지 않는다.

① 혈관성 치매는 사후 치료보다는 사전에 예방하는 것이 중요하다.

② 혈관성 치매를 치료하기 위해서는 개인적 노력이 반드시 수반되어야 한다.

③ 뇌세포를 건강하게 유지하기 위해서는 평소에 머리를 쓰는 일을 많이 해야 한다.

④ 치매는 무서운 병이지만 일반적으로 생각하는 것보다는 간단하게 치료가 가능하다.

03 다음 글에 대한 설명으로 적절하지 않은 것은?

정부가 개입하는 국제 경제 정책에는 무역 정책과 국제 금융 정책이 있다. 무역 정책은 정부가 상품의 수출입에 개입하는 정책이고, 국제 금융 정책은 국제 자본 이동이나 환율에 개입하는 정책이다. 화폐와 관련된 국제 금융 정책과 달리 무역 정책은 상품이라는 실물과 관련된 정책으로 정책 결정의 어려움이 상당하다. 무역 정책이 국가의 자주성에 의하여 결정되는 정책이라 할지라도, 이는 상품의 거래에 관여하는 것이므로 무역 상대국의 입장을 고려하지 않을 수 없으며, 정책의 효과도 국민 개개인의 생활에 지대한 영향을 미치게 된다. 또한 무역 정책은 개별적 거래의 총체적 현상으로서의 국제 수지를 고려하지 않으면 안 된다. 상품 거래의 주체는 개인 또는 기업이므로 이들의 거래에서는 수출입 균형을 고려할 필요가 없으나, 이를 종합하는 주체로서의 국가는 무역으로 인한 국제 수지의 균형을 고려해야만 한다. 즉 수입이 수출보다 많은 무역 적자의 경우에는 수입을 조정하고 수출을 늘려야 하며, 무역 흑자의 경우에는 그 반대의 정책을 펴야 하는 것이다.

① 국제 경제 정책의 하위분류에 대해 밝히고 있다.
② 무역 정책과 국제 금융 정책의 차이점에 대해 언급하고 있다.
③ 무역정책을 결정해야 할 때 고려해야 하는 사항에 대해 설명하고 있다.
④ 정부가 국제 경제 정책에 개입하는 법적 근거와 절차에 대해 설명하고 있다.

04 (가)~(라)를 맥락에 맞추어 가장 적절하게 나열한 것은?

(가) 법은 개인이 법적 관계를 형성하는 것에 행동의 자유를 보장하고 있다.
(나) 그래서 법의 이념적 목표는 평화로운 공존 조건을 마련하는 것이다.
(다) 이것이 바로 '사적 자치'라는 법의 중요한 이념이다.
(라) 그런데 이러한 자유를 향유하는 것은 어디까지나 타인의 권리나 보호할 가치가 있는 이익을 침해하지 않는 한에서만 인정되는 것이다.

① (가) – (나) – (다) – (라)
② (가) – (나) – (라) – (다)
③ (가) – (다) – (나) – (라)
④ (가) – (다) – (라) – (나)

05 ㉠과 ㉡에 대한 이해로 가장 적절한 것은?

2025학년도 대학수학능력시험 6월 모의평가 변형

여러 글에서 다양한 정보를 종합하며 읽는 능력은 많은 정보가 산재해 있는 디지털 환경에서 더욱 중요해졌다. 궁금증 해소나 글쓰기 등 문제 해결을 위한 목적으로 글 읽기를 할 때에 한 편의 글에 원하는 정보가 충분하지 않다면, 여러 글을 읽으며 이를 해결할 수 있다.

독자는 우선 문제 해결에 도움이 되는 글들을 찾아야 한다. 읽을 글을 선정할 때에는 믿을 만한 글인지와 읽기 목적과 관련이 있는 글인지를 평가하는 것이 중요하다. ㉠ 신뢰성 평가는 글의 저자, 생산 기관, 출판 시기 등 출처에 관한 정보를 확인하여 그 글이 믿을 만한지 판단하는 것이다. ㉡ 관련성 평가는 글의 내용에 읽기 목적과 부합하는 정보가 있는지 판단하는 것인데, 이를 위해서는 읽기 목적을 지속적으로 떠올리며 평가해 가야 한다.

문제를 해결하기에 적절한 글들을 선정했다면, 다음으로는 읽기 목적에 맞게 글을 읽어야 한다. 이 때 글의 정보는 독자가 이해한 의미로 재구성되고 이 과정에서 독자는 선택하기, 연결하기, 조직하기 전략을 활용한다. 이들 세 전략은 꼭 순서대로 사용하는 것은 아니며 반복해서 활용할 수 있다.

선택하기란 읽은 글에서 필요한 정보를 추출하는 전략이다. 연결하기란 읽은 글들에서 추출한 정보들을 정교화하며 연결하여, 읽은 글에서는 나타나지 않던 의미를 구성하거나 심화된 의미로 나아가는 전략이다. 글의 정보를 재구조화하는 것은 조직하기라고 한다. 예를 들어, 시간의 순서에 따른 글과 정보 나열의 글을 읽고, 읽은 글의 구조와는 다른 비교·대조의 구조로 의미를 구성할 수 있다.

이러한 전략을 적극적으로 활용하면, 정보의 홍수 속에서 유용한 정보를 찾아 삶의 여러 문제를 해결하는 데에도 도움이 될 것이다.

① 읽을 글을 선정하기 위해 출판사의 공신력을 따지는 것은 ㉠을 고려한 것이다.

② ㉡에서는 글이 언제 작성되었는지를 중심으로 판단해야 한다.

③ 정보가 산재해 있는 디지털 환경에서는 ㉠의 필요성이 사라지고 ㉡에 대한 요청이 증가한다.

④ 글 내용에 목적에 맞는 정보가 있는지 확인하는 것은 ㉠에, 저자의 경력 정보를 확인하는 것은 ㉡에 관련된다.

06 (가)~(라)를 맥락에 맞추어 가장 적절하게 나열한 것은?

(가) 그런데 천상계와 지상계는 서로 단절되어 있으며, 많은 장애물로 인해 천상계에 다가가는 것이 어렵다.

(나) 이별의 상황을 바탕으로 한 「만분가」는 공간적 배경을 절대자가 있는 천상계와 화자가 있는 지상계로 나누어 설정하고 있다.

(다) 따라서 화자는 대상과의 공간적 거리를 극복하기 위하여 다양한 방법을 모색하기도 한다.

(라) 적강 모티프가 나타난 작품은 또한 대체로 '천상에서의 득죄 → 적강 → 지상계에서의 고난 및 천상계로의 복귀 희망'의 구조를 지닌다.

① (나) – (라) – (가) – (다)
② (나) – (다) – (가) – (라)
③ (라) – (나) – (가) – (다)
④ (라) – (나) – (다) – (가)

인공 지능 면접은 더 많이 활용되어야 한다. 인공 지능을 활용한 면접은 인터넷에 접속하여 인공 지능과 문답하는 방식으로 진행되는데, 지원자는 시간과 공간에 구애받지 않고 면접에 참여할 수 있는 편리성이 있어 면접 기회가 확대된다. 또한 회사는 면접에 소요되는 인력을 줄여, 비용 절감 측면에서 경제성이 크다. 실제로 인공 지능을 면접에 활용한 ○○ 회사는 전년 대비 2억 원 정도의 비용을 절감했다. 그리고 기존 방식의 면접에서는 면접관의 주관이 개입될 가능성이 큰 데 반해, 인공 지능을 활용한 면접에서는 빅데이터를 바탕으로 한 일관된 평가 기준을 적용할 수 있다. 이러한 평가의 객관성 때문에 많은 회사들이 인공 지능 면접을 도입하는 추세이다.

① 면접관의 주관적인 생각이나 견해로는 지원자의 잠재력을 판단하기 어렵다.

② 인공 지능을 활용한 면접은 기술적으로 완벽하기 때문에 인간적 공감을 떨어뜨린다.

③ 회사의 특수성을 고려해 적합한 인재를 선발하려면 오히려 해당 분야의 경험이 축적된 면접관의 생각이나 견해가 면접 상황에서 중요한 판단 기준이 되어야 한다.

④ 회사 관리자 대상의 설문 조사에서 인공 지능을 활용한 면접을 신뢰한다는 비율이 높게 나온 것으로 보아 기존의 면접 방식보다 지원자의 잠재력을 판단하는 데 더 적합하다.

고전 발레는 중력을 거부하는 예술이다. 무용수는 지상으로부터 하늘을 향해 몸을 최대한 수직으로 유지해야 한다. 무용수는 공기처럼 가벼운 몸을 추구하고 수직선을 축으로 춤을 춘다. 중력은 자연의 맹목성과 타성을 의미하고, 나아가 질료적이며 물질적인 몸의 한계성을 대표하는 죽음을 의미한다. 따라서 중력의 거부는 인간이 피할 수 없는 죽음을 부정하는 것이요, 순간의 비약에서 영원을 향한 도취의 기쁨을 찾는 것을 의미한다. 그런데 이러한 고전 발레의 중력 거부 경향은 몸의 자유로운 움직임과 표현을 구속하거나 무시하는 정형화된 형식을 점점 더 만들어 내기 시작했다. 그 결과 고전 발레는 ＿＿＿＿＿＿ 자유로운 몸짓을 틀 속에 가둬 두기에 이른다. 이것은 구속에서 벗어나려는 움직임을 태동시켰는데 그것이 현대 무용의 시작이다.

① 몸은 그 자체로 주제가 되게 하면서

② 몸을 자연 상태의 몸으로 해방시키면서

③ 몸의 자유롭고 역동적인 변화를 강조하면서

④ 몸을 일정한 형식에 맞게 변형하고 고정시키면서

09 글쓴이의 견해에 부합하는 것을 <보기>에서 모두 고르면?

2015년도 국가직 5급 변형

인터넷 기사 등에 악플이 달린다고 해서 즉시 악플 대상자의 인격적 가치에 대한 평가가 하락하는 것은 아니므로, 내적명예가 그만큼 더 많이 침해되는 것으로 보기 어렵다. 또한 만약 악플 대상자의 외적 명예가 침해되었다고 하더라도 이는 악플에 의한 것이 아니라 악플을 유발한 기사에 의한 것으로 보아야 한다. 오히려 악플로 인해 침해되는 것은 명예감정이라고 보는 것이 마땅하다. 다만 인터넷상의 명예훼손행위는 그 특성상 해당 악플의 내용이 인터넷 곳곳에 퍼져 있을 수 있어 명예감정의 훼손 정도가 피해자의 정보 수집량에 좌우될 수 있다는 점을 간과해서는 안 될 것이다. 구태여 자신에 대한 부정적 평가를 모을 필요가 없음에도 부지런히 수집·확인하여 명예감정의 훼손을 자초한 피해자에 대해서 국가가 보호해줄 필요성이 없다는 점에서 명예감정을 보호해야 할 법익으로 삼기 어렵다. 따라서 인터넷상의 명예훼손이 통상적 명예훼손보다 더 심하다고 보기 어렵다.

─〈보 기〉─

ㄱ. 악플 피해자의 명예감정의 훼손 정도는 피해자의 정보 수집 행동에 영향을 받는다.

ㄴ. 인터넷상의 명예훼손행위를 통상적 명예훼손행위에 비해 가중해서 처벌하여야 한다.

ㄷ. 인터넷상의 명예훼손행위의 가중처벌 여부의 판단에서 세 종류의 명예는 모두 보호하여야 할 법익이다.

① ㄱ

② ㄱ, ㄴ

③ ㄴ, ㄷ

④ ㄱ, ㄴ, ㄷ

10 글의 내용에 따라 <표>를 작성할 때, ㉠~㉣에 들어갈 내용으로 적절하지 않은 것은?

인간이 살고 있는 세계는 끊임없이 변화하는 세계이다. 따라서 이 세계는 예측 불가능한 세계일 뿐 아니라 그 안의 인간은 다른 존재들과 마찬가지로 소멸할 운명에 처해 있다. 이에 인간은 영원한 피안(彼岸)의 세계를 상정하고 그에 의존함으로써 자신의 운명에서 도피하고자 한다. 그런데 근대 과학의 발달로 인해 인간은 더 이상 영원한 피안의 세계를 믿을 수 없게 되었다. 인간은 그러한 피안이 자신들이 만들어낸 허구라는 사실을 결국 깨닫게 되었다.

그런데 피안의 세계가 허구라는 것을 알게 된 순간, 인간은 자신이 이 세계를 지배하는 무의미한 생성·소멸의 법칙에 무력하게 내던져져 있다는 사실을 깨닫고 경악하게 된다. 진실의 발견은 인간의 해방을 의미하기도 하지만, 경우에 따라서는 절망이 될 수도 있다. 이러한 절망을 극복하기 위해 니체는 이 세상이 어떤 의미도 없이 생성·소멸하는 세계라는 사실을 철저히 인정해야 한다고 생각했다. 그리하여 인위적이고 허구적인 의미를 부여함으로써가 아니라 인간 스스로를 강화함으로써 이렇게 무의미한 세계를 의미 있는 것으로 바꾸어야 한다고 본 것이다.

〈표〉

진리	전제	㉠
	결론	㉡
대응 방안(근대 이전)	㉢	
깨달음(근대)	㉣	
대응 방안 (니체의 생각)	죽음 앞에 인간이 유한하다는 사실을 긍정하며 자신을 강화함으로써 절망을 극복하고자 하였다.	

① ㉠: 끊임없는 생성·소멸의 과정을 통해 만물은 변화한다.

② ㉡: 인간은 누구나 언젠가는 죽음을 맞이하게 된다.

③ ㉢: 만물의 변화 자체를 부정함으로써 인간의 유한성을 극복하고자 하였다.

④ ㉣: 이 세상에는 어떠한 인위적, 허구적인 의미도 부여할 수 없다.

약점 보완 해설집 p.10

01 다음 글에서 추론한 내용으로 적절하지 않은 것은?

> 컴퓨터의 영문자 자판은 QWERTY로 시작된다. 손놀림에 비능률적인 이 문자 배열은 타자기의 자판을 그대로 이어받은 것이다. 타자기가 많이 치는 글자들을 그렇게 흩어지게 배치한 것은 타자의 쇠막대가 서로 얽히는 것을 막기 위한 것이었다. 이제 그렇게 얽힐 일이 없게 된 컴퓨터에서 자판을 수정하면 그 능률이 최고 40% 이상 증가한다는 실험 결과가 나왔다. 그러나 컴퓨터는 계속 기능적으로 업그레이드되고 있지만 자판만은 고칠 생각을 하지 않고 있다. 사람들이 이 문자 배열에 익숙해 있고 국제적으로 표준화되었기 때문에 자판 생산 업체들이 변화를 시도하지 않는 것이다. 그것이 비합리적인 줄 알면서도 익숙해져 있기 때문에 개선하지 않는 것이라고나 할까. 이런 면에서 보면 사람들은 의외로 지성적이라기보다 감성적이라고 할 것이다.

① 무엇이든 한 번 고착되면 쉽게 바꿀 수 없다.
② 표준화와 규격화가 업무 능률을 제약할 수 있다.
③ 업무 능률 향상을 위해 인간 감성을 존중해야 한다.
④ 대체로 사람들은 기존 방식에 안주하는 경향이 있다.

02 (가)~(라)를 맥락에 맞추어 가장 적절하게 나열한 것은?

> 주류경제학에서는 사람은 합리적인 계산이나 추론에 따라 행동을 결정한다고 본다.
>
> (가) 이러한 테마를 염두에 둔 새로운 경제학이 바로 행동경제학이다.
> (나) 이에 따라 오늘날의 경제학에서는 빈틈없는 사람들의 합리적 손익 계산일지라도 감정의 비중을 중시하는 방향으로 변화하고 있다.
> (다) 이른바 '계산에서 감정으로'의 전환이 일어나고 있는 것이다.
> (라) 그러나 감정이나 직감도 중요한 역할을 담당하고 있다는 사실이 새롭게 밝혀지고 있다.

① (나) – (가) – (라) – (다)
② (나) – (다) – (가) – (라)
③ (라) – (나) – (가) – (다)
④ (라) – (나) – (다) – (가)

03 빈칸에 들어갈 전제로 가장 적절한 것은?

> (가) 찬호가 국가대표라면 세리는 국가대표가 아니다.
> (나) 홍민이 국가대표가 아니라면 지성은 국가대표가 아니다.
> (다) _____
> 따라서 세리가 국가대표라면 홍민은 국가대표이다.

① 찬호가 국가대표가 아니라면 지성은 국가대표이다.
② 지성이 국가대표라면 홍민은 국가대표가 아니다.
③ 세리가 국가대표가 아니라면 찬호는 국가대표이다.
④ 홍민이 국가대표라면 찬호는 국가대표가 아니다.

04 ㉠에 대한 이해로 적절하지 않은 것은?

2022학년도 4월 고3 전국연합학력평가 변형

디지털 카메라에는 피사체를 선명하게 촬영하기 위해 초점을 자동으로 맞추는 자동 초점 방식이 활용되고 있다. 자동 초점 방식은 일반적으로 ㉠ 피사체로부터 반사되는 빛을 활용하여 초점을 맞추는데, 자동 초점 방식에는 대표적으로 대비 검출 방식과 위상차 검출 방식이 있다.

대비 검출 방식은 촬영 렌즈를 통해 들어온 빛을 피사체의 상이 맺히는 이미지 센서로 바로 보내 이미지 센서에서 초점을 직접 검출한다. 이 방식은 피사체로부터 반사되어 들어오는 빛들의 밝기 차이인 빛의 대비를 분석하는 원리를 이용한다. 빛의 대비가 클수록 이미지 센서에 맺히는 상이 선명해져 초점이 정확하게 맞게 된다. 이런 원리를 활용해 대비 검출 방식에서는 빛의 대비가 최대치가 되는 지점을 파악하기 위해 촬영 렌즈를 앞뒤로 반복적으로 움직이면서 이미지 센서에 맺힌 상을 분석한다. 이 방식은 촬영 렌즈가 반복적으로 움직여야 하므로 초점을 맞추는 속도가 상대적으로 느려 빠르게 움직이는 피사체를 촬영할 때는 초점을 맞추기 힘들다. 하지만 별도의 센서에서 초점을 검출하지 않고 상이 맺히는 이미지 센서에서 직접 초점을 검출하기 때문에 초점의 정확도가 높으며 오류의 가능성이 낮다.

위상차 검출 방식은 상이 맺히는 이미지 센서가 직접 초점을 검출하지 않고 AF 센서에서 초점을 검출한다. 이 방식은 AF 센서에 맺히는 빛의 위치 차이인 위상차를 분석하는 원리를 이용한다. 위상차 검출 방식을 활용하여 초점을 맞추는 과정은 일반적으로 다음과 같이 진행된다. 우선 피사체로부터 반사된 빛은 촬영 렌즈를 통해 들어와, 주 반사 거울에서 반사되거나 주 반사 거울을 통과하게 된다. 주 반사 거울에서 반사된 빛은 뷰파인더로 보내져 촬영자가 피사체를 눈으로 확인할 수 있게 해 준다. 한편 주 반사 거울을 통과한 빛은 보조 반사 거울에서 반사되어 한 쌍의 마이크로 렌즈를 통과하면서 분리되고 각각의 AF 센서에 도달하게 된다. 이때 AF 센서에서는 광학적으로 이미 결정되어 있는 위상차 기준값과, 새롭게 측정한 위상차 값을 비교하여 초점이 맞았는지를 판단하게 된다.

① 대비 검출 방식에서 ㉠은 촬영 렌즈를 통해 들어와 이미지 센서로 바로 보내진다.

② 대비 검출 방식에서 촬영 렌즈는 ㉠의 대비가 최대치가 되는 지점을 찾기 위해 반복하여 움직인다.

③ 위상차 검출 방식에서 ㉠은 초점을 이미지 센서에서 검출하기 위해 마이크로 렌즈로 이동한 후 분리된다.

④ 위상차 검출 방식에서 주 반사 거울에서 반사된 ㉠은 촬영자가 피사체를 눈으로 직접 확인할 수 있는 뷰파인더로 보내진다.

05 다음 글을 참고할 때, <보기>에 대한 반응으로 적절하지 않은 것은?

기억은 지속 시간에 따라 단기 기억과 장기 기억으로 나눈다. 단기 기억은 보관할 수 있는 정보의 용량이나 정보의 보관 시간이 한정되어 있는 기억으로 기억의 세 단계 중 부호화나 응고화의 과정이 제대로 수행되지 않은 것이다. 장기 기억은 부호화와 응고화를 거쳐 오랫동안 보존되는 기억으로 일반적으로 절차 기억과 서술 기억으로 나눈다. 절차 기억은 많은 반복과 연습을 통해 형성되는 기억으로 무의식중에 일어나는 반응이나 반사적인 행동, 생각하지 않고도 자동적으로 할 수 있는 일에 관여한다. 절차 기억은 운동 능력과 강하게 연관되어 있는 경우가 많으며 쉽게 사라지지 않을 뿐만 아니라 의식적 접근이 요구되지 않는다. 반면 서술 기억은 사실에 관한 지식을 표상하고 있는 기억으로 의식적 접근에 의해 인출된다는 점에서 절차 기억과 대조된다. 서술 기억은 다시 일화 기억과 의미 기억으로 나뉘는데, 일화 기억은 특정 사건이나 개인의 경험에 대한 기억으로 사건이 일어난 시간, 장소, 상황 등의 맥락을 함께 포함한다. 이와 달리 의미 기억은 일반적인 사실, 법칙, 원리를 말하는 것으로, 특정 시점이나 맥락과 연합되어 있지 않은 대상 간의 관계 또는 단어 의미들 간의 관계에 관한 지식을 말한다.

〈보 기〉

A씨는 어린 시절의 사고로 인해 간질을 앓게 되었고, 이를 치료하는 과정에서 측두엽 내측 해마 부분을 절제했다. 이후 간질은 치료가 되었지만 A씨에게는 수술 후 있었던 일이나 만난 사람에 대한 새로운 기억이 형성되지 않는 기억 상실이 발생했다. A씨에게 그림 훈련을 시킨 결과 A씨는 자신이 매일 같은 그림을 그린다는 사실을 기억하지 못했으나 그의 그림 실력은 나날이 향상되었다.

B씨는 선조체의 도파민 분비 이상으로 인해 발생하는 파킨슨병을 앓고 있다. 파킨슨병을 앓은 이후 B씨는 과거의 일을 잘 기억 못했지만 힌트를 주면 기억을 잘 되살려 냈다. 그리고 예전에 배운 수학의 법칙을 기억하여 수학 문제를 풀 수 있었다. 하지만 예전에 능숙하게 했던 젓가락질을 제대로 하지 못했다.

① A씨의 사례를 통해 측두엽 내측의 해마는 일화 기억을 관장한다고 볼 수 있겠군.

② 수술로 인해 A씨는 서술 기억의 능력을 잃어버렸지만 절차 기억의 능력은 잃지 않은 것이로군.

③ B씨는 파킨슨병을 앓은 이후 의미 기억의 인출에 문제가 생겼다고 할 수 있겠군.

④ B씨의 사례를 통해 선조체의 도파민 분비 이상은 절차 기억에 장애를 일으킨다는 것을 알 수 있겠군.

06 다음의 <조건>을 고려할 때, 항상 참인 것은?

〈조 건〉

○ D는 J의 딸이다.
○ R은 J의 언니이다.
○ J는 G의 언니이다.
○ B는 J의 오빠이다.
○ F는 D의 남동생이다.

① D와 G는 자매이다.

② R은 B의 누나이다.

③ B와 D는 남매이다.

④ B는 F의 외삼촌이다.

07 (가)~(라)를 맥락에 맞추어 가장 적절하게 나열한 것은?

> 사람들은 신체적 특성, 능력 등이 다 다르다. 질 좋은 교육과 훈련을 받은 사람이 있는가 하면 그렇지 않은 사람도 있다.
>
> > (가) 그러나 소득 분배가 불균등한 상태로 둘 수는 없다.
> > (나) 이런 여러 원인으로 인해 사람들의 소득은 균등하게 분배되지 못하게 된다.
> > (다) 왜냐하면 소득 분배의 불균등이 심화될 경우 소득 계층 간의 갈등으로 이어져 사회 발전을 가로막기 때문이다.
> > (라) 또 부모로부터 몇 대를 써도 남을 만한 어마어마한 재산을 받은 사람이 있는가 하면 동전 한 푼도 받지 못한 사람도 있다.
>
> 그렇다면 경제가 발전함에 따라 소득 분배는 개선되는가 악화되는가? 미국의 경제학자 쿠즈네츠(Simon Kuznets)는 국가별과 시별 소득 통계 자료를 근거로, 소득 분배 균등도가 경제 발전의 초기 단계에는 점점 떨어지다가 경제 발전이 성숙한 단계에 즈음하여 다시 높아진다고 주장하였다. 이를 쿠즈네츠 가설이라고 한다.

① (나) - (가) - (라) - (다)
② (나) - (다) - (가) - (라)
③ (라) - (나) - (가) - (다)
④ (라) - (나) - (다) - (가)

08 글쓴이의 주장을 강화하는 것을 <보기>에서 골라 바르게 묶은 것은?

> 혼종어는 사회 통합을 중요한 과제로 삼는 우리나라와 같은 상황에서는 반길만한 것이 아니다. 그러나 우리나라 사람 100명중 한 사람은 한국어를 모국어로 사용하지 않는 사람들이며, 이 숫자는 점점 늘어날 것으로 보인다. 이들에게 한국어 교육 프로그램이 사회 차원에서 집중적으로 제공된다면, 이들의 한국어 능력은 신장될 것이며, 점점 표준어에 가까워질 것이다. 그렇지만 지금처럼 이들이 한국어 교육 바깥에 계속 방치된다면, 한국에도 대규모의 피진이나 크레올이 생겨날지도 모른다. 이는 가치관을 공유하고, 단일 민족 국가로서의 정체감을 중시하는 우리나라에서는 큰 문제점이 될 수도 있다. 한국어 교육 프로그램이 외국에서뿐만 아니라 국내에서도 시행되어야 하는 이유가 바로 여기에 있다.

> <보 기>
> ㄱ. 말은 그 뜻이 통하면 그것으로서 끝이다.
> — 공자
> ㄴ. 언어는 우리의 행동과 사고의 양식을 주조(鑄造)한다. — 사피어
> ㄷ. 언어는 이루어진 것이 아니라, 무언가를 이뤄내는 힘을 지니고 있다. — 훔볼트

① ㄱ
② ㄱ, ㄴ
③ ㄴ, ㄷ
④ ㄱ, ㄴ, ㄷ

09 다음 글에 대한 이해로 적절하지 않은 것은?

반의 관계는 단어가 가지고 있는 여러 의미 특질 중 어느 한 특질에 의해 성립한다. '젊은이'와 '늙은이'는 나이라는 특질만 문제되고, '스승'과 '제자'는 가르침을 베푸느냐 받느냐라는 특질만이 그 분류의 기준이 되는 것이다. 나머지는 다 공통되고 어느 한 가지 의미 특질만이 대립 관계를 이룰 때 반의 관계가 성립하는 것이다. 그 때문에 반의 관계에 있는 두 단어는 그 크기가 같아야 하고 여러 면으로 공통되는 범주에 속하는 단어여야 한다. 가령 '할아버지'와 '할머니'는 사람이며 늙은이라는 공통점을 가지며 그 점에서 같은 범주에 속한다. 그러면서 성별로만 대립되기 때문에 반의 관계가 성립한다. 반면 동사인 '뛰다'와 명사인 '도약', 또는 그 크기가 다른 '동물'과 '호랑나비' 사이에서는 반의 관계가 성립하지 않는다.

그런데 '동, 서, 남, 북'에서 우리는 '동'과 '서', 또는 '남'과 '북'을 각각 반의 관계로 인식한다. 이는 '춥다, 서늘하다, 따뜻하다, 덥다'에서 '춥다'와 '덥다'를 반의어로 인식하는 일과 같은 원리다. '삶'과 '죽음'처럼 둘 중의 하나일 수밖에 없는 단어가 아니라 그 중간 단계가 여럿 있을 때에는 이것들이 하나의 원을 그린다고 할 수 있는데, 이 원에서의 반의 관계는 원의 중심을 통과하는 축의 양쪽 끝에 있는 단어들 사이에서 성립한다고 이해하면 된다. 중간 단계가 얼마든지 있는데도 '높다'와 '낮다', '크다'와 '작다', '예쁘다'와 '밉다'를 각각 반의 관계로 인식하는 것도 하나의 축을 비교 기준으로 하여 그 양 끝에 있는 개념들을 짝지은 결과이다. '노란색'이나 '수수하다'의 반의어가 마땅찮은 것은 그 축이 쉽게 발견되지 않기 때문일 것이다.

① 반의 관계를 맺은 단어의 쌍은 의미 요소의 한 개가 다르다.

② 반의 관계를 맺은 단어의 쌍이더라도 의미상 동질성은 존재한다.

③ 의미 영역의 크기가 차이 나는 단어의 쌍은 반의 관계를 갖는다.

④ 단어의 쌍이 반의 관계이지만 여기에는 중간 단계가 있을 수 있다.

10 <보기>가 들어갈 위치로 가장 적절한 것은?

2015학년도 6월 고2 전국연합학력평가 변형

자동차의 매연으로 인한 대기 오염이 갈수록 심해지면서 각국에서는 앞 다투어 환경오염을 줄일 수 있는 자동차를 생산하는 데 박차를 가하고 있다. ☐ (가) '하이브리드'란 두 가지의 기능을 하나로 합쳤다는 의미로, 내연기관 엔진만 장착한 기존의 자동차와 달리 하이브리드 자동차는 내연기관 엔진에 전기모터를 함께 장착한 것이 특징이다. ☐ (나)

하이브리드 자동차는 기존의 내연기관 자동차와 비교했을 때, 전기모터 시스템이 추가로 내장되면서 차체가 무거워지고, 가격도 비싸진다는 단점이 있다. 또한 구조가 복잡해서 차량 정비에 어려움이 가중되고, 근본적으로 배기가스를 배출할 수밖에 없다는 한계가 있다. 하지만 동력 성능이 뛰어날 뿐만 아니라 연료 소비율이 낮아 배기가스도 적게 배출하여 환경오염을 줄일 수 있다는 장점이 있다. ☐ (다) 이런 점에서 하이브리드 자동차는 무공해를 지향하는 전기자동차나 수소연료전지자동차가 일반화될 때까지 중요한 운송 수단이 될 것으로 보인다. ☐ (라)

─〈보 기〉─

그중 상용화에 성공한 대표적인 사례로 친환경차인 하이브리드(hybrid) 자동차를 들 수 있다.

① (가)　　② (나)　　③ (다)　　④ (라)

약점 보완 해설집 p.12

01 ㉠에 대한 이해로 가장 적절한 것은?

2020학년도 6월 모의 평가 변형

고대 그리스 시대의 사람들은 신에 의해 우주가 운행된다고 믿는 결정론적 세계관 속에서 신에 대한 두려움이나, 신이 야기한다고 생각되는 자연재해나 천체 현상 등에 대한 두려움을 떨치지 못했다. 에피쿠로스는 당대의 사람들이 이러한 잘못된 믿음에서 벗어나도록 하는 것이 중요하다고 보았고, 이를 위해 인간이 행복에 이를 수 있도록 자연학을 바탕으로 자신의 사상을 전개하였다.

에피쿠로스는 신의 존재는 인정하나 신의 존재 방식이 인간이 생각하는 것과는 다르다고 보고, 신은 우주들 사이의 중간 세계에 살며 인간사에 개입하지 않는다는 ㉠ 이신론(理神論)적 관점을 주장한다. 그는 불사하는 존재인 신은 최고로 행복한 상태이며, 다른 어떤 것에게도 고통을 주지 않고, 모든 고통은 물론 분노와 호의와 같은 것으로부터 자유롭다고 말한다. 따라서 에피쿠로스는 인간의 세계가 신에 의해 결정되지 않으며, 인간의 행복도 자율적 존재인 인간 자신에 의해 완성된다고 본다.

① ㉠은 인간이 두려움을 가지는 이유를 제시한다.

② ㉠은 우주가 신에 의해 운행된다고 믿는 근거를 제시한다.

③ ㉠은 인간이 영혼과 육체의 관계를 탐구하는 이유를 제시한다.

④ ㉠은 인간이 잘못된 믿음에서 벗어날 수 있는 근거를 제시한다.

02 빈칸에 들어갈 전제로 가장 적절한 것은?

전제 1. 아이돌을 꿈꾸는 사람은 TV 시청을 한다.
전제 2. _____
따라서 작곡을 하지 않는 사람은 아이돌을 꿈꾸지 않는다.

① 작곡을 하는 사람은 TV 시청을 한다.

② TV 시청을 하는 사람은 작곡을 하지 않는다.

③ 아이돌을 꿈꾸지 않는 사람은 작곡을 하지 않는다.

④ 작곡을 하지 않는 사람은 TV 시청을 하지 않는다.

03 다음 글의 제목으로 가장 적절한 것은?

반대는 필수불가결한 것이다. 지각 있는 대부분의 사람이 그러하듯 훌륭한 정치가는 항상 열렬한 지지자보다는 반대자로부터 더 많은 것을 배운다. 만약 반대자들이 위험이 있는 곳을 지적해 주지 않는다면, 그는 지지자들에 떠밀려 파멸의 길을 걷게 될 수 있기 때문이다. 따라서 현명한 정치가라면 그는 종종 친구들로부터 벗어나기를 기도할 것이다. 친구들이 자신을 파멸시킬 수도 있다는 것을 알기 때문이다. 그리고 비록 고통스럽다 할지라도 결코 반대자 없이 홀로 남겨지는 일이 일어나지 않기를 기도할 것이다. 반대자들이 자신을 이성과 양식의 길에서 멀리 벗어나지 않도록 해준다는 사실을 알기 때문이다. 자유의지를 가진 국민의 범국가적 화합은 정부의 독단과 반대당의 혁명적 비타협성을 무력화시키는 정치권력의 충분한 균형에 의존하고 있다. 그 균형이 어떤 상황 때문에 강제로 타협하게 되지 않는 한, 그리고 모든 시민이 어떤 정책에 영향을 미칠 수는 있으나 누구도 혼자 정책을 지배할 수 없다는 것을 느끼게 되지 않는 한, 그리고 습관과 필요에 의해서 서로 조금씩 양보하지 않는 한, 자유는 유지될 수 없기 때문이다.

① 민주주의와 사회주의

② 반대의 필요성과 민주주의

③ 민주주의와 일방적인 의사소통

④ 권력을 가진 자와 혁명을 꿈꾸는 집단

04 다음 글의 ⊙과 ⓒ에 들어갈 말을 적절하게 나열한 것은?

이동통신이 유선통신에 비하여 어려운 점은 다중 경로에 의해 통신 채널이 계속 변화하여 통신 품질이 저하된다는 것이다. 다중 경로는 송신기에서 발생한 신호가 수신기에 어떠한 장애물을 거치지 않고 직접 도달하기도 하고 장애물을 통과하거나 반사하여 간접적으로 도달하기도 하기 때문에 발생한다. 이 다중 경로 때문에 송신기에서 발생한 신호가 안테나에 도달할 때 신호마다 시간 차이가 발생한다. 이렇게 하나의 송신 신호가 시시각각 수신기에 다르게 도달하기 때문에 이동통신 채널은 일반적으로 유선통신 채널보다 빈번히 변화한다. 일반적으로 거쳐 오는 경로가 길수록 수신되는 진폭은 작아지고 지연 시간도 길어지게 된다. 다중 경로를 통해 전파가 전송되어 오면 각 경로의 거리 및 전송 특성 등의 차이에 의해 수신기에 도달하는 시간과 신호 세기의 차이가 발생한다.

시간에 따라 변화하는 이동통신의 품질을 극복하기 위해 개발된 것이 A기술이다. 이 기술을 사용하면 하나의 송신기로부터 전송된 하나의 신호가 다중 경로를 통해 안테나에 수신된다. 이때 안테나에 수신된 신호 중 일부 경로를 통해 수신된 신호의 크기가 작더라도 나머지 다른 경로를 통해 수신된 신호의 크기가 크면 수신된 신호 중 가장 큰 것을 선택하여 안정적인 송수신을 이루려는 것이 A기술이다. A기술은 마치 한 종류의 액체를 여러 배수관에 동시에 흘려보내 가장 빨리 나오는 배수관의 액체를 선택하는 것에 비유할 수 있다. 여기서 액체는 ⊙ 에 해당하고, 배수관은 ⓒ 에 해당한다.

	⊙	ⓒ
①	신호	경로
②	안테나	신호
③	송신기	안테나
④	안테나	경로

05 다음 글을 이해한 내용으로 적절하지 않은 것은?

우주 로켓으로 발사되어 지상 300~400km 높이에서 초속 7.9km의 초고속으로 지구를 돌면서 우주 비행을 한 우주 비행사들이 안전하게 지상으로 돌아오는 일은 아주 중요하고 기술적으로 어려운 문제이다. 왜냐하면, 빠른 속도로 지상으로 내려올 때 대기권에서 공기와의 마찰 때문에 온도가 1500℃ 이상으로 올라가 우주선이 타 버릴 수 있기 때문이다. 2003년에 지상으로 돌아오던 미국의 우주 왕복선 콜롬비아 호가 폭발하여 7명의 우주 비행사가 사망한 사고는 바로 우주선의 지상 귀환의 어려움을 잘 알려 주는 비극적인 사건이었다.

그런데 지상 귀환 방법은 우주 개발의 두 주역인 러시아와 미국이 서로 다르다. 우주 개발 초기에 러시아는 우주선에 장착된 캡슐을 타고 내려오다 지상 근처에서 우주 비행사가 캡슐을 탈출한 뒤 낙하산으로 내리는 방법을 이용하였다. 그리고 이 시기에 미국은 캡슐을 탄 채 낙하산을 이용하여 바다에 내리는 방법을 이용하였다.

최근에는 우주 비행사에게 좀 더 편안하고 안전한 방식으로 개선했다. 러시아는 먼저 우주선을 미르우주정거장과 도킹시킨다. 그리고 여러 실험을 한 다음 미르에서 우주선을 분리시키고, 지상에 가까워지면 귀환 캡슐만 낙하산으로 지상에 착륙시킨다. 이에 비해 우주정거장이 없는 미국은 캡슐을 사용하지 않고 우주 왕복선을 타고 우주에서 활동하다가 그대로 비행기처럼 활주로에 내려오는 방법을 개발하였다. 그리고 그 우주왕복선은 정비를 한 후에 다시 우주 비행에 사용한다.

① 러시아는 낙하산을 이용해 귀환 캡슐을 지상에 착륙시키는 방식을 사용하고 있다.

② 미국의 콜롬비아 호는 대기권에서 공기와의 마찰로 인해 발생한 화재로 폭발하였다.

③ 미국은 우주 왕복선을 개발하기 이전에는 귀환 캡슐의 낙하산 착륙 방법을 사용하였다.

④ 러시아의 귀환 캡슐 착륙 방법은 미국의 우주 왕복선 착륙 방법보다 안전성에서 앞선다.

06 다음 글의 빈칸에 들어갈 말로 가장 적절한 것은?

인류 역사상 최초로 만들어 낸 인공 발사체가 혜성의 표면을 때렸다. 미국항공우주국(NASA)이 쏘아올린 우주 탐사선 '딥임팩트'호에서 발사된 충돌체가 태양 주위를 돌던 혜성 '템펠1'에 정확히 충돌하여 무려 수천 킬로미터에 달하는 분출 기둥을 만들어 낸 것이다. 혜성은 ☐☐☐☐☐ 따라서 과학자들은 이번 실험으로 혜성 내부 구조의 물리적·화학적 성분들을 조사해 태양계의 형성 및 생명 탄생의 비밀을 풀 단서를 얻을 수 있을 것으로 기대하고 있다.

① 내부가 태양과 동일한 물질로 이루어졌다.

② 다른 말로 꼬리별, 꽁지별, 살별 등으로도 불린다.

③ 태양계 내에 존재하는 개수가 대략 1억 개 이상으로 추정된다.

④ 태양계 형성 초기의 물질을 그대로 간직하고 있는 일종의 타임캡슐로 생각되고 있다.

07 다음 글의 내용이 참일 때, 반드시 거짓인 것은?

2015년도 국가직 5급 변형

착한 사람들 중에서 똑똑한 여자는 모두 인기가 많다. 똑똑한 사람들 중에서 착한 남자는 모두 인기가 많다. "인기가 많지 않지만 멋진 남자가 있다."라는 말은 거짓이다. 순이는 멋지지 않지만 똑똑한 여자이다. 철수는 인기는 많지 않지만 착한 남자이다. 여자든 남자든 당연히 사람이다.

① 철수는 똑똑하지 않다.

② 철수는 멋지거나 똑똑하다.

③ 똑똑하지만 멋지지 않은 사람이 있다.

④ 순이가 인기가 많지 않다면, 그녀는 착하지 않다.

08 다음 글에서 알 수 없는 것은?

2018년도 국가직 5급 변형

현존하는 한국 범종 중에서 신라 범종이 으뜸이다. 신라 범종으로는 상원사 동종, 성덕대왕 신종, 용주사 범종이 있으며 모두 국보로 지정되어 있다. 이 가운데 에밀레종이라 알려진 성덕대왕 신종은 세계의 보배라 여겨진다. 그러나 이러한 평가는 미술이나 종교의 차원에 국한될 뿐, 에밀레종이 갖는 음향공학 차원의 가치는 간과되고 있다.

에밀레종을 포함한 한국 범종은 종신(鐘身)이 작고 종구(鐘口)가 벌어져 있는 서양 종보다 종신이 훨씬 크다는 점에서는 중국 범종과 유사하다. 또한 한국 범종은 높은 종탑에 매다는 서양 종과 달리 높지 않은 종각에 매단다는 점에서도 중국 범종과 비슷하다. 하지만 중국 범종은 종신의 중앙 부분에 비해 종구가 나팔처럼 벌어져 있는 반면, 한국 범종은 종구가 항아리처럼 오므라져 있다. 또한 한국 범종은 중국 범종에 비해 지상에 더 가까이 땅에 닿을 듯이 매단다.

나아가 한국 범종은 종신과 대칭 형태로 바닥에 커다란 반구형의 구덩이를 파두는데, 바로 여기에 에밀레종이나 여타 한국 범종의 숨은 진가가 있다. 한국 범종의 이러한 구조는 종소리의 조음에 영향을 미쳐 독특한 음향을 내게 한다. 이 구덩이는 100헤르츠 미만의 저주파 성분이 땅속으로 스며들게 하고, 커다란 울림통으로 작용하여 소리의 여운을 길게 한다.

땅속으로 음파를 밀어 넣어 주려면 뒤에서 받쳐 주는 지지대가 있어야 하는데, 한국 범종에서는 땅에 닿을 듯이 매달려 있는 거대한 종신이 바로 이 역할을 한다. 이를 음향공학에서는 뒷판이라 한다. 땅을 거쳐 나온 저주파 성분은 종신 꼭대기에 있는 음통관을 거쳐 나온 고주파 성분과 조화를 이루면서 인간이 듣기에 가장 적합한 소리, 곧 장중하고 그윽하며 은은히 울려 퍼지는 여음이 발생하는 것이다.

① 현존하는 한국 범종 중 세 개 이상이 국보로 지정되어 있다.

② 한국 범종과 중국 범종은 종신 중앙 부분의 지름이 종구의 지름보다 크다.

③ 한국 범종의 독특한 소리는 종신과 대칭 형태로 파놓은 반구형의 구덩이와 관련이 있다.

④ 성덕대왕 신종의 여음은 음통관을 거쳐 나오는 소리와 땅을 거쳐 나오는 소리가 조화되어 만들어진다.

09 (가)~(라)를 맥락에 맞추어 가장 적절하게 나열한 것은?

많은 사람들이 1870년대 러시아에서 전개된 '인민 속으로' 운동을 포퓰리즘의 기원으로 꼽고 있으나, 본격적인 의미의 포퓰리즘은 미국의 인민당에서 비롯된다.

(가) 그리고 오늘날 신(新)포퓰리즘이라는 이름으로 유럽과 라틴 아메리카에서 재차 등장하는 정치 현상과도 매우 이질적이다.

(나) 1892년에 창당된 이 정당은 소외받은 농민들의 권익을 대변하면서 기성 정치 체제에 상당한 충격을 주었다.

(다) 러시아와 미국에서 태동된 이런 고전적 혹은 낭만적 포퓰리즘은 20세기 전반 이후 라틴 아메리카에서 목격되는 포퓰리즘과는 큰 차이를 보인다.

(라) 고전적 포퓰리즘이 전통적 농촌 사회의 복구를 꿈꾸며 농민들의 삶을 미화하는 데 역점을 두었다면, 현대적 의미의 포퓰리즘은 도회지를 근거로 하면서 특정 지도자의 카리스마적 리더십을 그 핵심 변수로 하고 있다.

① (나) – (가) – (라) – (다)

② (나) – (다) – (가) – (라)

③ (라) – (나) – (가) – (다)

④ (라) – (나) – (다) – (가)

10 다음 글을 통해 추론할 수 있는 것을 <보기>에서 모두 고르면?

> 공정성은 공평하고 올바른 성질을 말한다. 따라서 태도가 공정하다고 할 때는 사적인 감정이나 편견에 치우치지 않고 모든 사람에게 공평한 기회를 주고 동일한 규칙에 따라 모든 사람을 대하는 것을 뜻한다. 그러나 구체적인 상황에서 무엇이 공정한 행동인지를 판단하는 것은 쉬운 일이 아니다. 그리고 공정성에 대한 논의는 우리 사회에서 정의란 과연 무엇인지에 대한 문제와도 직결되기 때문에 중요하다.

─────〈보 기〉─────
ㄱ. 공정성에 대한 논의는 우리 사회의 정의를 규정하는 문제와 관련이 있다.
ㄴ. 개인의 주관에 의한 편파적인 판단이나 행동은 태도의 공정성을 해치게 된다.
ㄷ. 개인의 능력에 따라 기회를 제공하고 동일한 규칙에 따라 대할 때 공정성이 있다고 한다.

① ㄱ, ㄴ

② ㄱ, ㄷ

③ ㄴ, ㄷ

④ ㄱ, ㄴ, ㄷ

약점 보완 해설집 p.14

01 (가)~(라)를 맥락에 맞추어 가장 적절하게 나열한 것은?

2020학년도 6월 모의 평가 변형

> (가) 그런데 돼지도 흔한 가축인데, 현대 국어에서 어린 돼지를 가리키는 고유어 단어는 따로 없다.
> (나) 어린 말은 망아지, 어린 소는 송아지, 어린 개는 강아지라고 한다.
> (다) '가축과 그 새끼'를 나타내는 고유어 어휘 체계에서 '어린 돼지'의 자리는 빈자리로 남아 있는 것이다.
> (라) 이들은 모두 사람들이 친숙하게 기르는 가축이라는 공통점이 있으며, 새끼를 나타내는 단어가 모두 '-아지'로 끝난다는 점이 흥미롭다.

> 그렇다고 해서 어린 돼지를 사람들이 인식하지 못하는 것은 아니다.
> 다만 어린 돼지를 가리키는 고유어 단어가 없을 뿐인데, 이렇게 한 언어의 어휘 체계 내에서 개념은 존재하지만 실제 단어가 존재하지 않는 경우를 '어휘적 빈자리'라고 한다.

① (나) – (라) – (가) – (다)
② (나) – (다) – (가) – (라)
③ (다) – (가) – (라) – (나)
④ (다) – (라) – (나) – (가)

02 (가)와 (나)를 전제로 할 때 빈칸에 들어갈 결론으로 가장 적절한 것은?

> (가) 대한민국에 사는 사람은 국내 여행을 간다.
> (나) 김치를 먹지 않은 사람은 국내 여행을 가지 않는다.
> 따라서 [   ]

① 대한민국에 사는 사람은 김치를 먹는다.
② 국내 여행을 가는 사람은 김치를 먹지 않는다.
③ 김치를 먹는 사람은 대한민국에 사는 사람이다.
④ 대한민국에 살지 않는 사람은 김치찌개를 먹는다.

03 다음 글을 이해한 내용으로 적절하지 않은 것은?

프로이트와 아들러는 사회적 관계와 본능적 욕구 중에서 어떤 것이 인간의 성격 형성에 더 큰 영향을 미친다고 보는지에서 차이를 보였다. 프로이트는 사회적 관계보다 본능적인 욕구가, 아들러는 본능적인 욕구보다 사회적 관계가 더 큰 영향을 미친다고 보았다. 특히 아들러는 사회적 존재인 인간의 성격이 형성되는 데에 열등감의 역할을 강조하였다.

아들러는 인간이 사회적 존재이기 때문에 열등감을 갖게 된다고 보았다. 즉 인간은 사회 속에서 다른 사람들과 어울려 살아가는 존재이고, 그 과정에서 자신을 타인과 비교하면서 열등감이 생긴다는 것이다. 그래서 갓 태어난 아기에게서는 열등감이 나타나지 않는다고 했는데, 열등감은 어느 정도 사회성을 갖게 된 이후에야 마음에 영향을 미치기 때문이다. 아들러는 인간은 누구나 뛰어난 존재가 되고 싶다는 욕구, 즉 우월감을 갖고 싶어 한다고 여겼다. 열등감은 우월감을 갖고 싶기 때문에 생기는 것으로, 병적인 것이 아니라 모든 인간이 가지고 있는 일반적인 심리라고 생각하였다. 인간은 자신을 둘러싼 이들에게 뒤처져 있다는 생각을 하게 되면 그들보다 더 우월해 보이고 싶어 하며, 이때 열등감은 열등감을 극복하고 우월감을 갖기 위해서 목표를 설정하고 그 목표가 구체화되는 것을 돕는다는 것이다. 이렇게 의지를 가지고 열등감을 극복하여 남에게 인정받으려는 마음의 움직임이 인간을 행동하게 만드는 추진력인데, 아들러는 이를 '권력에의 의지'라고 하였다. 따라서 아들러는 우월감에 대한 욕구가 인간을 움직이는 최대의 동기라고 보았다.

프로이트가 신경증의 원인으로서 성 충동을 중시한 데 반해서 아들러는 자아의 욕구나 성격 경향이 신경증을 낳는다고 주장한 최초의 인물이었다. 다시 말하자면, 프로이트는 성 충동이 억제된 과거의 경험이 어떤 사람을 규정한다고 여긴 반면, 아들러는 어떤 사람이 과거의 경험을 어떻게 해석하고 어떤 목적을 갖느냐에 따라 그의 모습과 미래가 변화하는 것이라고 믿었다. 프로이트가 과거의 경험이 '원인'이 되어 현재의 모습이 규정된다고 본 데 비해, 아들러는 어떠한 '목적'을 갖느냐에 따라 현재의 모습이 규정된다고 본 것이다. 아들러는 최초로 사회·문화적 요인을 신경증의 원인 중 하나로 언급하면서, 당시 여성들이 지니고 있던 열등감이 남성들보다 사회적 지위가 낮은 데에서 생긴 것이라고 지적하기도 하였다.

① 프로이트는 경험이, 아들러는 목적이 어떤 사람을 규정한다고 여겼다.

② 아들러는 인간을 움직이는 최대의 동기는 우월감에 대한 욕구라고 주장하였다.

③ 아들러는 프로이트가 파악한 인간 행동의 근원으로서의 성(性) 충동 자체를 부정하였다.

④ 프로이트는 인간이 본능적 욕구에, 아들러는 사회적 관계에 영향을 더 많이 받는다고 보았다.

04 다음 글을 통해 추론할 수 있는 교훈은?

옛날 어느 고을에 나루터에서 배로 사람들을 태워 주며 살아가는 사공이 있었다. 하루는 과거를 보러 서울로 가는 젊은 선비가 배에 탔다. 선비가 보기에 뱃사공이 아주 무식하고 어리석게 보여 그는 자기 자랑 겸해서 뱃사공을 놀렸다. 선비가 사공에게 「논어」를 아느냐고 물었다. 이에 뱃사공이 모른다고 말했다. 그랬더니 웃으면서 「논어」도 모르고 무슨 맛으로 사느냐며 사공 목숨의 2분의 1은 없는 거나 같다고 했다. 그리고는 더욱 의기양양해서 천자문은 아느냐고 물었다. 사공은 그건 더 모르는 것이라고 말했다. 그랬더니 선비가 사공은 거의 죽은 거나 마찬가지라고 했다. 가만히 이를 듣고 있던 사공은 젊은 선비가 하는 수작이 생각할수록 괘씸해서, 선비 양반은 헤엄을 칠 줄 아느냐고 물었다. 선비가 헤엄은 한 번도 못 해 봤다고 하자, 사공이 그럼 선비의 목숨은 아주 몽땅 없는 거나 마찬가지라고 말했다. 그랬더니 그 선비는 갑자기 얼굴이 붉어지면서 강을 건너갈 동안 입을 다물었다고 한다.

① 허식을 버리고 본질적인 것에 힘쓰라.

② 말과 행동이 일치될 수 있도록 노력하라.

③ 자기보다 못한 사람에게 베풀면서 살아라.

④ 자신이 싫어하는 일을 남에게 시키지 말라.

05 ㉠과 유사한 역할을 하는 것으로 가장 적절한 것은?

> 우리 몸은 어떻게 더위나 추위를 느끼는 것일까? 이는 뇌의 아래쪽에 위치한 시상 하부의 작용으로 인한 것이다. 시상 하부는 뇌 전체 부피의 300분의 1 정도로 콩 하나의 크기에 불과하지만 감정을 조절하고 음식의 섭취량을 결정하며 뇌하수체의 호르몬 분비에 관여하는 등 자율 신경계의 활동에 빠져서는 안 되는 기관으로 특히 우리 몸의 온도를 조절하는 신체 온도계의 기능을 한다.
>
> 체온이 항상 일정하게 유지되는 항온 동물에 속하는 사람은 몸에 별다른 이상이 없다면 섭씨 36.5도의 체온을 유지한다. 이러한 체온 유지의 근원은 세포에 있다. 세포가 음식으로부터 에너지를 섭취해 대사를 진행하면 UCP(Uncoupling Protein)라는 단백질이 활성화되어 지방을 태워 열을 내게 된다. 이렇게 만들어진 열은 신체 밖으로 방출되는데, 이때 시상 하부의 ㉠ 체온 조절 중추가 작용하여 방출되는 열의 정도를 조절하여 체온을 유지한다.

① 일정한 시간을 맞춰 놓은 경우 자동으로 그 시간이 되었을 때 켜지거나 꺼지는 텔레비전

② 실내에서 연기가 발생하였거나 실내 온도가 급작스럽게 올라갔을 때 이를 감지하여 작동하는 화재 감지기

③ 컴퓨터를 켜 놓은 상태에서 화면이 오랫동안 변하지 않을 경우 전력의 낭비를 막기 위해 자동으로 작동하는 화면 보호기

④ 희망 온도를 설정해 놓았을 경우 온도가 이보다 낮아지면 따뜻한 바람을, 온도가 이보다 높아지면 차가운 바람을 내보내는 에어컨

06 다음 글의 빈칸에 들어갈 주장으로 가장 적절한 것은?

> 요즘 결혼하는 부부 열 쌍 중 한 쌍이 국제결혼이라는 통계에서 보듯이 우리도 싫든 좋든, 이제 다문화 사회에 접어들었다. 다문화 사회란 문화적 다양성과 차이를 인정하는 것인데도 우리나라 사람들은 외국인들에게 우리 문화를 일방적으로 강요하는 경우가 많다.
>
> 일요일 오후 경기도 한 도시의 국경 없는 거리에는 한국인보다 외국인이 더 많다. 음식을 사고, 고국에 돈을 송금하고, 친구·동료와 만나는 외국인들로 붐빈다. 우리나라 전체 국민의 2%가 등록 외국인이고, 결혼 부부 중 10%가 외국인을 배우자로 맞이하고 있다. 국제 결혼한 후 필리핀에서 한국으로 온지 3년째인 K씨. 지역의 수건공장에서 생산직 노동을 하고 있고 몸이 불편한 남편을 대신해 직접 가계도 꾸려가고 있다. 나름대로 사회와 가정에 기여하고 있다는 자부심을 갖고 있지만 주변 사람들이 외국인이라는 이유만으로 소외시킬 때마다 불쾌한 느낌을 받는다고 한다. 이곳에서 만나본 외국인들 대부분은 K씨와 같은 소외감을 자주 경험한다고 한다. 또한 나라의 경제력에 따라 외국인들을 평가하고 서열화하는 것 때문에 큰 상처가 된다고 한다. 현대는 외국인 백만 명 시대이다. ☐☐☐☐☐☐☐☐

① 외국인을 바라보는 정부의 인식 전환이 필요한 때이다.

② 이제는 외국인에 대한 잘못된 의식을 바꾸어야 할 시점이다.

③ 이들이 올바로 정착할 수 있도록 여러 제도적 정비가 이루어져야 한다.

④ 외국인이 한국생활에 제대로 적응해 살아갈 수 있도록 지속적인 교육이 필요하다.

07 (가)에서 근거를 찾아 (나)에 대해 반박하는 글을 쓰고자 한다. 글에 담길 내용으로 가장 적절한 것은?

> (가) 게임 이용 장애를 정확히 진단하고 치료할 수 있는 지침은 아직 마련되어 있지 않다. 다종다양한 게임의 특성을 모두 반영한 의료 지침을 게임에 대한 이해가 부족한 보건 의료계가 짧은 준비 기간에 모두 마련할 수 있을지에 대해 의문을 제기하는 사람들이 많다. 충분한 연구와 적절한 지침이 갖춰지지 않은 질병 코드화는 과잉 진료의 부작용을 유발할 수 있다.
>
> (나) 게임 이용 장애의 질병 코드화가 시기상조라고 주장하는 사람들도 많다. 일시적인 게임 과몰입자들까지 모두 환자로 낙인찍는 역효과가 나타날 수 있는 데다가 게임 산업을 위축시킬 것이라는 우려가 있기 때문이다. 그러나 이러한 선입견에서 벗어나 게임 이용 장애의 질병 코드화와 게임 산업이 상생할 수 있다는 인식을 가질 필요가 있다. 질병 코드화는 게임에 병적으로 몰입하는 이용자들의 어려움을 덜어 주고자 하는 것이지 게임 과몰입자들을 모두 환자로 낙인찍거나 게임 산업의 발전을 가로막으려는 것이 결코 아니기 때문이다.

① 일시적인 게임 과몰입자들에 대해서는 보건 의료적인 접근보다 스스로 회복할 수 있는 힘을 기를 수 있도록 유도해야 한다.

② 게임 이용 장애 질병 코드화는 게임에 대한 부정적인 인식을 확산하여 게임 산업을 위축시킬 수 있으므로 제도적인 지원 방안을 마련해야 한다.

③ 과잉 진료가 질병에 대한 과도한 공포심을 불러일으켜 많은 부작용이 발생했던 과거의 경험에서 게임 이용 장애 질병 코드화의 대안을 찾아야 한다.

④ 게임의 특성을 고려한 적절한 의료 지침이 마련되어 있지 않은 상황에서 도입되는 질병 코드화는 의도와 달리 과잉 진료로 인한 낙인 효과의 문제를 야기할 것이다.

08 다음 글을 바탕으로 <보기>에 대해 설명한 내용으로 적절하지 않은 것은? 2021학년도 3월 고3 전국연합학력평가 변형

> 서구 철학 전통에서는 앎, 즉 지식을 '정당화된 참인 믿음'이라고 파악한다. 참인 믿음을 갖는 것만으로 지식을 가졌다고 말하기에 불충분한 이유는 우리가 어쩌다 참인 믿음을 가질 수도 있기 때문이다. 이와 같은 논의는 어떤 믿음이 참이라고 생각할 만한 충분한 이유나 근거를 가질 때 비로소 그 믿음이 인식적으로 정당화된다는 것을 보여 준다. 전통적인 인식론에서는 명제 P가 실제로 참이며, 인식 주체 S가 P를 믿고 있고, S는 P라는 그의 믿음에 대해 정당한 이유나 근거를 가지고 있을 때, S는 P라는 것을 안다고 할 수 있다고 본다. 즉 정당성, 참, 믿음이라는 세 가지 요소가 충족된다면 우리가 지식을 갖는다고 할 수 있다.

〈보 기〉
○ 인식 주체: S
○ 명제 P: 교실 분필 개수는 13개이다.

① 교실 분필 개수가 13개라는 것을 S가 믿는다는 것만으로는 S가 P를 안다고 할 수 없다.

② S가 P를 안다고 하기 위해서는 교실 분필 개수가 실제로도 13개이어야 한다는 요소가 필요하다.

③ S가 교실 분필 개수가 13개라는 것을 눈으로 보면서도 이 사실을 믿지 않는다면 S가 P를 안다고 할 수 없다.

④ S가 교실 분필 개수가 13개 있을 것이라고 짐작했는데 실제 교실 분필 개수가 13개라면 S가 P를 안다고 할 수 있다.

09 ⊙에 대한 이해로 적절하지 않은 것은?

매년 그 해의 농사 상황을 파악하기 위해 호조에서 해마다 자연 재해와 그에 따른 풍흉을 참작하여 ⊙ 연분사목(年分事目)*을 작성해 각 도에 내려 보냈으며, 수령들은 이를 토대로 답험하여 관내 경지를 조사하였다. 수령들이 조세 감면 대상인 급재결(給災結)*과 조세 부과 대상인 실결(實結)을 조사하여 관찰사에게 보고하면, 이를 다시 관찰사가 조사해 중앙에 보고하고 중앙에서는 경차관(敬差官)*을 지방에 파견했다. 파견된 경차관은 급재결을 심사하여 확정하고 최종적으로 일정 세액을 징수했다. 이 과정에서 지방관들이 답험을 형식적으로 하고 경차관 관련 비용 부담이 가중되는 등의 문제가 생겨 이를 개선하고자 새로운 전세 제도가 필요하게 되었다.

조선 후기 숙종 때부터 시행된 비총법이 1760년(영조 36년) 법제화되어 갑오경장 때까지 실시되었다. 비총법의 주요 내용은 경차관의 파견을 폐지하고, 매년 호조에서 그 해의 농사 상황을 참고하여 기준 년과 비교해 전세 부과의 총계인 비총을 결정하는 것이었다. 그리고 이를 바탕으로 연분사목(年分事目)을 작성한 다음에 각 군현에 사목을 반포해서 급재결을 할당해 주었다. 이 때 연분사목으로 정해 준 사목재(事目災)가 부족할 경우에는 관찰사가 사유를 갖추어 급재결을 더 지급해 줄 것을 요청하는 장계를 올리기도 했다. 호조에서는 이를 판단하여 급재결수를 더 내려주기도 했는데, 이것을 장청재(狀請災)라고 하였다. 한편 이러한 비총법은 국가 재정의 확보에만 주력한 나머지 집단 공납제 방식으로 운영되었다는 점에서 중앙 집권에 의한 공평 과세의 의미를 퇴색시켰다는 한계를 드러내기도 했다.

* 연분사목(年分事目): 매년 호조에서 그 해의 작황을 참고하여 급재결과 실결의 총수를 정하여 각 도에 반포한 것.
* 급재결(給災結): 조세 감면을 위해 재해를 입은 토지를 지정해서 각 도에 나누어 주는 것.
* 경차관(敬差官): 지방에 파견하여 임시로 일을 보게 하던 벼슬.

① 매년 호조에서 그 해 농사의 풍흉을 고려하여 작성하였다.

② 급재결을 할당하는 비총법을 시행하는 과정에서도 활용되었다.

③ 조세 징수를 효율적으로 수행하기 위해 상향식 과정을 통해 정해졌다.

④ 자연 재해를 입은 토지에 대해 세금을 감면해 주는 내용이 포함되어 있다.

10 다음 글을 통해 추론할 수 있는 것을 <보기>에서 모두 고르면?

17세기 천문학에서 과학 혁명을 이끈 케플러는 우주가 기하학적 원리에 따라 만들어졌다는 신플라톤주의의 교리를 받아들여 실재하는 기하학적 구조 속에서 협화음을 발견하고자 했다. 그의 음악적 사유는 2:1, 3:2, 4:3, 5:4, 6:5, 5:3, 8:5의 음정 비를 갖는 7개의 협화음이 존재한다는 확신에서 출발한다. 그리고 어떤 기하학적 도형들이 이런 비례들을 산출하는가에 대한 답으로 원과 원에 내접하는 3개의 도형인 정삼각형과 정사각형 그리고 정오각형을 제시했다. 케플러는 원에 내접하는 정다각형들에 의해 분할되는 호와 원주 사이의 관계를 통해 협화음의 기하학적 비례를 찾아냈다. 원의 지름에 의해 원주가 분할되는 것에서 옥타브(2:1)를 얻는 것을 포함하면, 다른 정다각형에서는 5도(3:2), 4도(4:3), 장3도(5:4)의 음정 비를 얻을 수 있었다. 나머지 협화음들은 약간의 변형이 필요했는데, 가령 정오각형에서 원주를 1:4가 아니라 2:3으로 나누면 5:3, 즉 장6도의 음정 비를 얻을 수 있는 것이다. 이로써 7개의 협화음들은 기하학적 원형에 들어맞는 것으로 입증되었고 이것을 포함하는 순정률이 자연적인 음률로 간주되었다. 이때 케플러는 기하학적 도형들 사이의 관계가 협화음을 규정하는 객관적인 조건이라면, 그것을 조화로운 소리로 경험하게 하는 주관적인 조건은 사람의 영혼에 내재해 있는 기하학적 원형이라고 보았다. 이런 의미에서 케플러 역시 신비주의에서 완전히 벗어나지는 못했음을 알 수 있다.

과학적 음악 이론의 주된 흐름을 형성한 것은 갈릴레오 갈릴레이부터였다고 평가할 수 있다. 갈릴레이는 음높이를 1옥타브 높이려면 현의 길이를 1/2로 만들거나 장력을 4배로 혹은 현의 굵기를 1/4로 만들어야 한다고 보았다. 이것은 모두 진동수를 2배로 만드는 방법으로 두 음의 진동수 비가 2:1을 이룰 때 옥타브가 산출되기 때문이다. 이처럼 진동수 비는 음정을 결정하는 근본적인 것이다. 그러나 예전처럼 진동수의 비 자체가 협화음의 원인이 될 수는 없었다. 협화음의 직접적인 원인은 소리의 진동이라는 물리적 현상이고, 진동수는 그 현상을 계량화한 표현이었기 때문이다. 따라서 갈릴레이는 협화음의 문제는 그것을 산출하는 음파와 그 진동수의 조건에서 다루어져야 한다고 보고, 협화음을 결정하는 가장 근본적인 것은 음파들의 펄스*가 일치하는 빈도와 관련 있다는 것을 밝혀냈다. 예를 들어 진동수 비가 2:1인 옥타브의 경우 높은음의 두 번째 펄스가 매번 낮은음의 펄스와 일치하고, 5도(3:2)에서는 높은음의 3번째 펄스마다 낮은음과의 일치가 나타난다는 것이다. 또한 갈릴레이는 협화음의 단순한 진동수의 비가 사람의 미적 감각에 상응한다는 것을 입증하기 위해 진자 운동을 통해 그것을 가시화하는 실험을 하기도 하며 새로운 음악적 실천의 흐름을 만들었다.

* 펄스: 매우 짧은 지속 시간을 가진 전기의 흐름.

―――――― <보 기> ――――――

ㄱ. 갈릴레이는 현의 길이, 현의 장력, 현의 굵기 등이 음높이에 영향을 준다고 보았다.

ㄴ. 근대 과학 혁명 시기에 협화음이 사람에게 미적 즐거움을 주는 이유를 밝히려는 노력이 시도되었다.

ㄷ. 케플러는 원에 내접하는 정다각형들에 의해 분할되는 호의 길이와 원주 사이의 비를 통해 음정 비를 산출하였다.

① ㄱ
② ㄱ, ㄴ
③ ㄴ, ㄷ
④ ㄱ, ㄴ, ㄷ

약점 보완 해설집 p.16

01 다음 글의 내용을 고려하여 ㉠을 추론한 것은?

> 우주의 근원에 관해 처음 언급한 사람은 이오니아의 도시국가 밀레토스 출신 탈레스(기원전 640~550년)였다. 그는 만물의 근원은 물이라고 주장했다. 물은 다른 모든 것을 변화시키는 원인이지만 스스로는 영원히 변하지 않는 근본적 원리이다. 이 주장이 현대인들에게는 황당하게 보이겠지만 여기서 중요한 것은 그가 물질세계를 설명하는 원리를 물질 자체에서 찾았다는 점이다. 이런 태도는 ㉠이전 시대의 자연관과의 결별을 뜻한다.
>
> 탈레스는 기원전 585년 5월 28일의 일식을 정확하게 예견했다. 이 사건은 신화적 태도에서 과학적 태도로 변화된 것을 가장 잘 보여주는 예였다. 이로써 인간은 더 이상 천둥이나 우레, 번개와 같은 기후현상이나 달이 차고 이지러지는 것, 계절의 변화, 천체의 운동을 신들의 조화로 여기지 않고 인간이 이성으로 파악할 수 있는 객관적 사실로 인식하기에 이르렀다. 인간 이성에 대한 최초의 믿음이 생겨난 것이다. 탈레스는 일식을 예견한 데 머물지 않고 닮은꼴을 이용해 해안에서 바다에 있는 배까지의 거리를 재는가 하면 사람의 키와 그림자의 길이가 같아지는 순간에 피라미드의 그림자를 재어 피라미드의 높이를 알아내는 등 인간의 논리적 사고를 여러 면에 적용했다.

① 자연은 인간이 필요한 만큼만 사용하고 개발하여야 한다.

② 세계의 모든 현상들은 초자연적인 힘의 개입으로 설명할 수 있다.

③ 정신적인 존재로서의 인간이 주체라면 물질적 존재인 자연은 객체이다.

④ 자연을 보호함으로써 궁극적으로는 인간에게 유용한 가치를 얻을 수 있다.

02 다음 글의 빈칸에 들어갈 말로 가장 적절한 것은?

> 가상공간(사이버 스페이스)에서 개인의 마음은 고정적이고 안정적인 형태로 표현되지 않고 다양한 모습으로 드러난다. '아바타'와 같은 디지털 이미지를 통해 자신의 모습을 표현하는 것, 과장된 행동이나 극단적인 일탈 행동 등이 바로 그 공간에서는 [   ]을 증명한다. 개인들은 가상공간 속에서 자신의 정체성을 새롭게 재구성하고 있는 것이다. 현실공간과 가상공간에서 각기 다른 자신을 창조하는 것은 물론 가상공간에서 자신이 가진 새로운 면을 찾게 되면서 결국 현실의 자아를 바꾸는 데까지 이르기도 한다.

① 자아실현을 할 수 있다는 것

② 인간은 현실의 정체성과 비슷하다는 것

③ 현실 속 인간의 모습과는 완전히 상반된다는 것

④ 마음이 하나의 고정된 모습을 갖지 않는다는 것

03 다음 글을 이해한 내용으로 적절하지 않은 것은?

땀은 99%가 물이고, 나머지는 소금과 약간의 노폐물로 구성되어 있다. 땀은 오줌과 마찬가지로 몸속에서 생긴 노폐물을 몸 밖으로 배설하는 것인데, 이 외에도 땀은 증발하면서 피부 표면 온도를 낮춰줌으로써 체온을 일정하게 조절하는 역할도 한다. 그래서 여름에는 체온 조절을 위해 땀을 더 많이 흘리고, 땀을 많이 흘릴수록 피부에서 증발하는 수분의 양이 많아져 체온 조절이 더 효율적으로 된다.

가끔 땀이 안 나서 문제가 생긴 사람들은 사우나에서 땀을 내기도 한다. 언뜻 보면 효과가 있을 것 같지만 사실은 건강에 별로 도움이 되지 않는다. 사우나에선 억지로 외부에서 열을 가해 체온을 올리지만, 운동을 하면 체내에서 열이 만들어지고, 그 열이 다시 외부로 배출되는 과정을 수반하기 때문에 사우나에서 흘리는 땀과 운동을 해서 흘리는 땀은 배출 과정은 물론이고, 그 성분까지도 다르다. 사우나에서 흘리는 땀은 운동할 때 흘리는 땀보다 짜며, 이것은 운동 상황에 대응하려는 적응 과정이 효율적으로 이뤄지지 않기 때문이다. 한마디로 운동해서 나오는 땀이 진짜 땀이다.

① 오줌과 마찬가지로 땀도 배설 활동의 일부이다.
② 땀은 극히 일부분을 제외하고 대부분은 물로 구성되어 있다.
③ 사우나에서 흘리는 땀은 운동해서 흘리는 땀과 그 성분이 다르다.
④ 사우나에서 흘리는 땀이 더 짠 이유는 체내에서 열을 만들기 때문이다.

04 빈칸에 들어갈 결론으로 가장 적절한 것은?

음식을 요리하는 사람은 설거지를 하지 않는다. 주문을 받는 사람은 음식 서빙을 함께 담당한다. 음식 서빙을 담당하는 사람은 요리를 하지 않는다. 음식 서빙을 담당하는 사람은 설거지를 한다. 따라서 A가

① 설거지를 하지 않으면 음식을 요리한다.
② 음식 주문을 받으면 설거지는 하지 않는다.
③ 음식을 요리하면서 음식 주문을 받기도 한다.
④ 설거지를 하지 않으면 음식 주문도 받지 않는다.

05 ㉠의 의미를 바르게 추론한 것은?

추상 회화란 사물을 사실적으로 재현하는 것이 아니라 점, 선, 면, 색채 등 순수 조형 요소로 구성한 그림을 말한다. 우리는 흔히 현대 회화 중 이해하기 어렵고 아무렇게나 그린 것 같은 작품들을 추상 회화라고 말하지만 사실 추상 회화의 기원은 과거의 예술 유산에서 쉽게 발견할 수 있다.

몇몇 사람들은 추상 회화를 두고 아직도 난해한 그림의 대명사로 치부하며 이해하지 못하겠다고 말한다. 이는 그림은 반드시 상징적인 의미를 가져야 한다는 고정 관념을 가지고 있기 때문이다. 즉, 그림 자체의 아름다움에는 관심을 기울이지 않은 채 그림에서 상징적인 의미를 찾으려 하기 때문이다. 이와 관련하여 어느 화가는 자기의 그림에서 도무지 보이는 것이 없다고 투덜대는 사람들에게 ㉠"사람들은 새소리는 묻지 않고서도 듣기 좋아하면서 그림만은 왜 그토록 물으려 하는가?"라며 항변했다.

① "회화의 단점을 파헤치기보다는 회화가 지닌 장점을 먼저 이해하라."
② "현대 음악에 대한 관심보다는 회화에 대한 더 큰 사랑을 보여 달라."
③ "그림의 상징적인 의미보다는 그림 자체가 주는 아름다움에 주목하라."
④ "회화에 대한 각자의 무지를 깨닫고 원론적인 공부를 더 하도록 하라."

06 다음 글을 바탕으로 <보기>를 이해한 내용으로 적절하지 않은 것은?

시기심은 다양한 양태로 나타난다. '시기심'의 저자 롤프 하우블은 시기심을 극복하는 양태로 '낙담', '야심', '분노'와 공격성'을 든다.

'낙담'은 시기하는 대상을 결코 소유할 수 없다고 생각할 때 생긴다. "어차피 가질 수 없다면 꿈꾸지도 말자."는 식의 자포자기가 이에 해당된다. "내 능력과 처지에서 저것을 욕망한다는 것은 얼토당토않은 일이지." 하면서 욕망을 접는 것인데 이는 어찌 보면 현명한 처세술이다. 그러나 "욕망을 접는 것은 소극적인 패자의 방식이 아니냐?"라고 따져 묻는다면 답변이 궁색해진다.

'야심'은 시기하는 대상을 극복할 수 있다고 판단, 그와 경쟁할 때 생긴다. 복수를 꿈꾸며 와신상담(臥薪嘗膽)하며 내공을 쌓아 가는 강호의 협객이나, 대작을 꿈꾸며 뼈를 깎는 습작에 몰두하는 문학인의 욕망이 이에 속할 것이다. 그러나 절차와 방법이야 어쨌든 목적이나 결과를 이루고야 말겠다는 결과주의적 사고방식과 야심이 야합할 때는 무서운 결과를 초래할 수도 있다.

'공격성'은 타인을 해치려는 마음이다. "왜 나는 저 친구가 갖고 있는 것을 가지지 못했을까? 부모를 잘못 만나서 그럴까, 세상을 잘못만나서 그럴까? 이 더러운 세상을 확 엎어 버릴 테다!" 하는 식으로 분노를 표출하는 방식이다. 이럴 때 사람들은 상대의 약점을 공격하고 폭로함으로써 자신의 욕구를 충족시킨다.

〈보 기〉

천재 음악가 모차르트의 출현으로 왕실 전속 음악인인 살리에리는 열등감과 질투심에 시달리게 된다. 살리에리는 자신의 명성을 위협하는 모차르트를 실력으로 이길 수 없다는 판단이 들자 그를 이기기 위한 다른 계략을 꾸민다. 당시 지나친 방종으로 건강을 잃고 경제적으로 어려워진 모차르트를 찾아간 살리에리는 정체를 감춘 채 「장송곡」을 작곡해 달라고 부탁한다. 심신을 힘들게 하는 작곡 작업이 모차르트의 죽음을 재촉하리라는 사실을 그는 알고 있었고, 결국 예상대로 모차르트는 죽음을 맞는다. 그러나 승리의 쾌감 대신 천재를 죽음에 이르게 했다는 죄책감이 심해지면서 살리에리는 정신 병원으로 가게 되고, 자신의 죽음을 앞둔 그때서야 모차르트의 천재성과 자신의 평범성을 인정하며 모차르트를 뛰어넘는 일이 불가능함을 수용하게 된다.

① 살리에리의 장송곡 의뢰는 모차르트를 해치려는 공격성이 구체화된 것이다.

② 살리에리의 야심은 결국 모차르트를 죽음에 이르게 하는 무서운 결과를 초래했다.

③ 살리에리는 자신의 약점을 부각시키려 한 모차르트의 삶에 대해 분노를 표출한 셈이다.

④ 살리에리는 자신의 평범성과 모차르트의 천재성을 수용하는 낙담의 과정을 거치고 있다.

07 (가)~(다)를 맥락에 맞추어 가장 적절하게 나열한 것은?

> 서양적 사고는 인간을 중심에 두고 자연을 적대적 관계로 인식하여 훼손하고 정복했지만, 동양적 사고는 인간과 자연의 공존과 조화를 추구하였다. 동양적 사고를 대표하는 것은 중국 철학인데, 중국 철학은 자연의 훼손을 최소화하여 인간과의 조화를 추구하려고 하였다.
>
> > (가) 이런 이유로 중국에서는 실천 사상이 바탕이 된 학문이 발달하였다.
> > (나) 자연과의 조화를 추구했던 중국 철학의 또 하나의 특징은 실용 정신이다.
> > (다) 이는 중국의 기후와 풍토가 논밭을 경작하지 않고는 생존할 수 없었던 지역적 풍토와 관련이 있다.
>
> 중국은 공자와 맹자의 인도주의적 유학 사상, 노자와 장자의 자연주의 사상, 법가의 실천주의 사상 등 제자백가들이 다양하게 그 학설을 주장하였는데, 그 주장하는 관점과 태도와 논리가 다르지만 목적하는 바는 경세치용의 치국평천하 이론이었다. 즉, 인간과 자연의 조화를 바탕으로 현실의 문제를 해결할 수 있는 사상만이 가치 있는 것으로 인정되었다.

① (나) - (다) - (가)
② (나) - (가) - (다)
③ (가) - (나) - (다)
④ (다) - (나) - (가)

08 ㉠과 관련된 사례로 가장 적절한 것은?

> 기술 경쟁에서 일어나는 다양한 실패의 유형 중에서 ㉠ 기업의 전략적 실수에 의한 실패는 더욱 치명적일 수밖에 없다. 훌륭한 연구 역량을 지니고 있으면서도 이를 효과적으로 운용하지 못했다는 이미지 타격과 더불어 기업이 실질적으로 감내해야 할 경제적 손실이 막대하기 때문이다. 기업 차원의 분석과 계획 등이 나날이 부각되는 것은 이런 맥락에서 볼 때 당연한 일이라고 볼 수 있다.

① 이태리타월을 만들던 회사는 피부를 세게 문지르는 것이 몸에 해롭다는 발표가 난 이후 급격히 경영 부진을 겪게 되었다.
② 쇠고기를 도매로 팔던 업체는 목장에서 원인 불명의 전염병이 돌고 죽는 소가 생겼다는 텔레비전 뉴스가 있은 후 판매량이 줄다가 급기야 파산하고 말았다.
③ 컴퓨터의 드보락 자판은 현재 우리가 쓰는 쿼티 자판보다 효율적이지만 먼저 나온 쿼티 자판을 사용하는 데 익숙한 소비자들의 관습을 깨지 못하고 사라지고 말았다.
③ 세계 최초로 디지털 카메라를 개발한 코닥 회사는 다른 경쟁사들이 디지털 시장에서 커가는데도 자신들의 필름 산업에 피해가 있을까봐 주저하는 마케팅을 펼치다가 파산하였다.

09 다음 글에서 추론한 내용으로 적절하지 않은 것은?

　　음운이 환경에 따라 바뀌는 현상을 음운의 변동이라고 한다. 음운의 변동 현상 중 어떤 음운이 다른 것으로 대치되는 현상을 '교체'라 하며 대표적으로 음절의 끝소리 규칙과 음운의 동화가 있다.

　　국어의 음절의 끝에서 발음될 수 있는 자음은 'ㄱ, ㄴ, ㄷ, ㄹ, ㅁ, ㅂ, ㅇ' 7개 자음으로 제한된다. 따라서 음절의 끝에 7개 자음 이외의 다른 자음이 올 경우 이 자음은 7개 자음 중에 하나로 바뀌어 발음된다. 이러한 현상을 음절의 끝소리 규칙이라고 한다. 가령 '옷'의 경우 받침의 'ㅅ'은 'ㄷ'으로 바뀌어 발음된다. 그런데 음절의 끝소리 규칙의 적용 여부는 해당 음절 뒤에 어떤 형태소가 결합하느냐에 따라 달라진다. 만약 '옷이[오시]'에서와 같이 7개 자음 이외의 받침이 모음으로 시작하는 형식 형태소와 결합하는 경우에는 뒤 음절의 첫소리로 옮겨 발음된다. 그러나 '옷 안[옫안 → 오단]'에서처럼 7개 자음 이외의 받침이 모음으로 시작하는 실질 형태소와 결합할 경우에는 먼저 대표음으로 바뀐 후 뒤 음절의 첫소리로 옮겨 발음된다.

　　한편 '함박눈'이 [함방눈]으로 소리 나는 것처럼 어떤 음운이 가까이 있는 다른 음운을 닮는 현상을 음운의 동화라고 한다. 동화에는 비음화, 유음화, 구개음화 등이 있다. 비음화는 비음이 아니었던 자음이 뒤에 오는 비음의 영향을 받아 비음으로 바뀌는 현상을 말한다. 즉 비음 'ㄴ, ㅁ'의 앞에서 'ㄱ, ㄷ, ㅂ'이 비음 'ㅇ, ㄴ, ㅁ'으로 바뀌거나, 'ㄱ, ㅁ, ㅂ, ㅇ'의 뒤에서 'ㄹ'이 비음 'ㄴ'으로 바뀌는 현상을 가리킨다. 가령 '국물'의 받침 'ㄱ'은 비음 'ㅁ'의 영향을 받아 'ㅇ'으로 바뀌어 [궁물]로 발음된다. 이와는 달리 유음화는 유음이 아니었던 자음이 유음의 영향을 받아 유음 'ㄹ'로 바뀌는 현상이다. '삼천리'의 'ㄴ'은 유음 'ㄹ'의 영향을 받아 'ㄹ'로 바뀌어 [삼철리]로 발음된다. 마지막으로 '굳이[구지]'에서와 같이 구개음화는 구개음(센입천장소리)이 아닌 자음 'ㄷ, ㅌ'이 뒤에 오는 모음 'ㅣ'나 반모음 'ㅣ'에 의해 구개음 'ㅈ, ㅊ'으로 바뀌는 현상이다. 그런데 '잔디'처럼 한 형태소 내에서나 '홑이불'과 같이 합성어 안에서는 구개음화가 일어나지 않는다.

　　이 밖에도 국어에는 다양한 음운 규칙이 있다. 그런데 이러한 음운 규칙을 지키지 않을 경우 의사소통이 어려워질 수 있다. 따라서 음운 규칙을 이해하고 표준 발음의 중요성을 깨달아 이를 생활 속에서 실천할 수 있도록 해야 할 것이다.

① 구개음화는 합성어가 아닌 두 형태소 사이에서 일어날 수 있다.

② 유음화와 달리 비음화는 자음과 자음이 만날 때 음운이 변동하는 현상이다.

③ 표준 발음으로 발음하지 않을 경우 의사소통의 어려움이 발생할 가능성이 있다.

④ 음절의 끝소리 규칙은 뒤에 어떤 형태소가 오냐에 따라 실현되지 않을 수도 있다.

10 (가)~(라)의 요지로 적절하지 않은 것은?

(가) 물음은 곧 철학의 시작이며 철학 자체이다. 현대에 들어서서 물음과 철학의 밀접한 연관을 철학적 주제로 다루려는 현상이 새롭게 나타났다. 하이데거가 자신의 대표작인 〈존재와 시간〉을 존재에 대한 물음으로 시작했고, 하이데거를 뒤따른 사르트르도 자신의 주저(主著)인 〈존재와 무〉에서 물음을 가장 중요한 철학의 주제로 삼았다. 가톨릭계의 유명한 철학자 코레트 신부의 〈형이상학〉이라는 대작도 물음을 던지는 존재로서의 인간이 지닌 형이상학적 특징에서부터 내용을 풀어나간다.

(나) 물음은 모든 기존의 것에 대한 부정이다. 물음을 던지는 순간, 물음의 대상이 되는 것은 그것이 지금까지 누려왔던 자명성(自明性)*과 안정성을 잃어버린다. 인간은 어떤 것이든 다 물음을 던질 수 있다. 다시 말해서 기존의 모든 것을 다 부정할 수 있다. 이러한 부정에는 자유와 해방의 가능성이 들어 있다. 철학적 존재, 형이상학적 존재인 인간에게는 물음을 던질 수 있는 자유가 있다. 이런 점에서 철학적 물음은 의미가 있는 것이다.

(다) 물음의 첫 번째 특성은 포괄성이다. 물음의 화살을 피해갈 수 있는 것은 아무것도 없다. 존재하는 모든 것은 다 철학적 물음의 대상이다. 존재하지 않는 것인 무(無)에 대해서까지도 인간은 "무란 무엇인가?"라는 물음을 던진다. 무(無), 공(空), 허(虛)와 같이 없는 것에 대해서까지도 물음을 던진다. 철학적인 물음, 형이상학적인 물음은 모든 것에 대해서 물음을 던진다는 특성을 지니고 있다. 이렇게 모든 것에 대해서 물음을 던지기 때문에 그 물음이 부메랑이 되어 물음을 던지는 나에게로 돌아온다. 그것을 우리는 물음의 두 번째 특성, 곧 적중성 또는 해당성이라고 이름 붙일 수 있다. 존재하는 것 전체에 대해서 철학적, 형이상학적 물음을 던지면서 '나'의 존재도 흔들린다. 그래서 철학적 문제 중 가장 중요한 문제는 "나란 무엇인가?"라는 물음이 된다. 이 물음은 존재자 전체와 뗄 수 없는 관계에 있다. 존재자 전체에 대한 물음이 나에게로 되돌아와서 나 자신에게 물음의 화살을 꽂는다. "그렇게 묻고 있는 너는 누구인가?"

(라) 철학의 물음은 포괄성과 적중성(해당성)뿐만 아니라 학문성도 가지고 있다. 포괄성과 적중성의 측면에서만 본다면, 그런 특징은 신화와 종교에도 해당된다. 신화적인 설명과 종교적인 해석도 모든 것을 다 자신의 설명 안에 포괄하고 있다. 그러므로 철학이 신화, 종교와 다른 점은 그 학문성 때문이다. 그래서 학문성은 철학과 다른 영역을 구분 짓는 특성이 된다.

---

* 자명성(自明性): 설명이나 증명을 하지 않아도 직관을 통하여 직접 진리임이 밝혀지는 성질

---

① (가): 물음을 철학적 주제로 삼았던 철학자들
② (나): 철학적 물음 속에 내재한 의미
③ (다): 철학적 물음의 두 가지 특성
④ (라): 포괄성과 적중성, 학문성 사이의 공통점과 차이점

약점 보완 해설집 p.18

01 다음 글을 이해한 내용으로 적절하지 않은 것은?

> 요즘 여러 가지 스트레스로 인하여 우울증 현상을 겪는 청소년들이 증가하고 있다. 그런데 우리가 탁월한 업적을 남긴 것으로 알고 있는 링컨, 헤밍웨이, 처칠, 톨스토이 등도 모두 한때 심한 우울증으로 고통 받았다. 흔히 '우울증' 하면 정신적으로 큰 문제가 있는 것처럼 생각하지만 실제로 우울증이 그 사람의 능력에 영향을 끼치지는 않는다. 우울증은 단지 기분이나 감정의 문제이다.
>
> 사람들은 누구나 기분의 고저가 있어서 가끔은 우울한 기분을 느낄 수 있다. 하지만 우울하고 극단적인 생각이 2주 이상 지속된다면 우울증으로 의심해 볼 수 있다. 이러한 우울증은 열등감, 의기소침, 식욕 감퇴 등의 증상과 함께 나타나기도 한다.
>
> 가벼운 우울증 증세는 햇빛을 충분히 쬐는 것만으로도 치유가 될 수 있습니다. 햇빛을 쬐면 신진대사나 호르몬 분비가 활성화되어 우울한 기분을 없애 주는 것으로 알려져 있다. 실제로 겨울은 햇빛에 노출되는 시간이 다른 계절에 비해 짧기 때문에 우울증 증상이 더 많이 나타난다.
>
> 우울증 증세가 심한 경우에는 약물을 이용하여 치료를 한다. 현재 뇌의 신경 전달 물질인 노어에피네프린, 세로토닌 등이 우울증과 밀접한 관련이 있는 것으로 알려져 있다. 그래서 이런 신경 전달 물질을 조절할 수 있는 약들이 우울증 치료제로 사용되고 있다. 그 외에도 심리적인 치료의 방법으로 인지-행동 치료나, 역할 놀이 등이 있다.

① 우울증은 신경 전달 물질인 세로토닌과 관련이 있다.

② 우울증의 치료를 위해서는 심리 치료법을 쓰기도 한다.

③ 우울증은 열등감이나 의기소침과 함께 나타나기도 한다.

④ 우울증은 감정의 문제가 능력에 영향을 끼치는 경우이다.

02 빈칸에 들어갈 전제로 가장 적절한 것은?

> (가) 공부를 하지 않으면 시험을 못 본다.
> (나) _____
> 따라서 공부를 하지 않으면 성적이 나쁘게 나온다.

① 공부를 한다면 시험을 잘 본다.

② 성적이 좋다면 공부를 한 것이다.

③ 성적이 좋다면 시험을 잘 본 것이다.

④ 시험을 잘 본다면 성적이 좋은 것이다.

03 다음 글에서 추론한 내용으로 가장 적절한 것은?

> 성분 분석을 할 때 의미 성분은 의미장에서 설명한 어휘의 계층적 구조가 유용하게 이용될 수 있다. 가령 '소년'과 '소녀'를 비교해 보면, '소년'과 '소녀'는 동일하게 '미성인'에 포함되나 그보다 상위 단계에서 '소년'은 '남성'에, '소녀'는 '여성'에 각각 포함된다. 그리고 그보다 상위 단계에서는 '소년'과 '소녀' 모두 '인간'에 포함된다. 이를 활용하여 '소년'과 '소녀'의 의미 성분을 분석하면, '소년'은 '[+인간][+남성][-성인]'으로 '소녀'는 '[+인간][-남성][-성인]'으로 분석된다.

① 동일한 단어들로 여러 종류의 어휘장을 구성할 수 있다.

② 하위 계층의 단어는 상위 계층의 단어의 의미를 포함하고 있다.

③ 상반된 의미를 지닌 단어들은 공통된 의미 성분을 갖고 있지 않다.

④ 동일한 의미 성분을 가진 단어들은 하나의 부분장에 속하지 않는다.

04 다음 글을 통해 얻을 수 있는 결론으로 타당한 것은?

> 아메리카노는 카페라테보다 많이 팔린다. 유자차는 레모네이드보다 덜 팔린다. 카페라테는 레모네이드보다 많이 팔리지만, 녹차보다는 덜 팔린다. 녹차는 스무디보다 덜 팔리지만, 아메리카노보다 많이 팔린다.

① 아메리카노가 유자차보다 덜 팔린다.
② 가장 많이 팔리는 음료는 스무디이다.
③ 녹차가 레모네이드보다 팔리지 않는다.
④ 카페라테보다 덜 팔리는 음료는 3개이다.

05 다음 글을 읽고, '보험을 들고자 할 때' 보일 수 있는 반응으로 적절하지 않은 것은?

> 살면서 닥칠지도 모를 불행에 대비하는 것이 보험이다. 하지만 정작 사고가 났을 때 보험금을 받지 못한다면 낭패가 아닐 수 없다. 이런 낭패를 보지 않기 위해 보험을 가입할 때에는 반드시 지켜야 할 유의사항이 몇 가지 있다.
> 보험을 들 때는 먼저 자신에게 꼭 필요한 보험인지 살펴보는 것이 중요하다. 누군가의 부탁을 받고 마음이 약해져서, 혹은 몇 십 년 뒤에 많은 보험금을 지급한다는 막연한 말에 혹해서 보험을 들면 안 된다. 보험을 가입하고 난 후 몇 년이 지났을 때, 더 좋은 보험이 나왔다며 계약을 전환하지 않겠냐고 보험회사 측에서 제안을 하는 경우도 종종 있다. 이런 경우에는 대개 새로운 계약 건수를 늘리기 위한 경우일 수 있기에 정말 자신에게 필요한 것인지 따져 보고 신중하게 결정해야 한다. 무엇보다 가장 중요한 것은 보험사에 자신이 앓고 있는 질병이나 자신이 복용하는 약도 정확히 알리는 것이다. 그리고 일부 보험설계사가 계약을 성사시키기 위해 가입자의 서명을 대신하거나, 실수로 가입자가 한 말을 보험증서에 표기하지 못하고 누락하는 경우도 있기 때문에 보험증서에 모든 것이 정확히 기록되어 있는지 확인하고, 반드시 본인이 계약 청약서에 직접 서명해야 한다. 그렇지 않으면 보상을 받지 못하는 경우가 생길 수 있다.

① 갑: 질병 때문에 약을 복용하고 있다는 사실도 보험설계사에게 말해야 하는군.
② 을: 보험에 가입할 때 직접 서명을 하지 않으면 보상을 받지 못할 수도 있겠군.
③ 병: 보험회사에서 계약 전환이 가능하다는 연락이 오면 긍정적으로 검토해야겠군.
④ 정: 보험증서를 받으면 나의 정보가 정확히 기록되어 있는지 꼼꼼히 살펴봐야겠군.

06 (가)~(라)를 맥락에 맞추어 가장 적절하게 나열한 것은?

> 영화 〈아바타〉는 지구의 에너지 자원 고갈 문제를 다루고 있다.
>
> > (가) 이 영화의 잘 짜인 이야기는 신기한 것을 보고 싶어하는 인간의 욕망을 자극함으로써 관객들을 영화에 빠지게 한다.
> > (나) 그러나 판도라의 독성을 지닌 대기로 인해 난관을 만난다.
> > (다) 그러자 지구인들은 판도라에 살고 있는 나비족의 외형에 인간의 의식을 이식하여 원격 조종이 가능한 새로운 생명체 '아바타'를 만든다.
> > (라) 이 문제를 해결하기 위해 지구인들은 지구에서 4.4광년 떨어진 판도라라는 행성을 찾는다.
>
> 또 이런 줄거리 외에 대규모의 전투 장면과 입체 음향 그리고 3D 특수 효과 등에 힘입어서 많은 사람들의 호응을 받으며 흥행에 크게 성공하였다.

① (나) - (가) - (라) - (다)
② (나) - (다) - (가) - (라)
③ (라) - (나) - (가) - (다)
④ (라) - (나) - (다) - (가)

07 다음 글의 ㉠~㉢에 들어갈 말을 적절하게 나열한 것은?

> 대부분의 자식은 부모의 피부색, 얼굴형, 머리카락 심지어 체형 등을 닮는다. 이는 부모의 ㉠ 특성이 자식에게 전해졌기 때문이다. 이러한 현상을 유전이라고 한다. 동물의 몸에서 신장, 머리카락의 색, 쌍꺼풀 등의 유전적 정보를 담고 있는 것을 ㉡ 라고 한다. 이 유전자는 항상 쌍을 이루고 있는데 유전자 쌍의 하나는 어머니로부터, 또 다른 하나는 아버지로부터 오는 것으로 가족끼리 닮는 것은 이와 같은 과정을 통해 가족끼리 ㉢ 유전자를 지니게 되기 때문이다.

	㉠	㉡	㉢
①	외형적	유전	서로 다른
②	성격적	유전	비슷한
③	성격적	유전자	서로 다른
④	외형적	유전자	비슷한

08 다음 글을 이해한 내용으로 적절한 것만을 <보기>에서 모두 고르면?

차별이란 대우를 결정하는 요소가 동등함에도 불구하고 결정 요소와 관련이 없는 요소를 기준으로 다르게 대우하는 것을 말한다. 그러므로 차별의 유무를 가려내려면 대우를 결정하는 관련 요소가 무엇이고 관련이 없는 다른 요소가 무엇인지를 정확히 가려내야 한다. 예를 들어 성차별, 지역 차별, 종교 차별 등은 바로 앞에 오는 '성', '지역', '종교'가 대우를 결정하는 요소가 아님에도 불구하고 그것을 기준으로 대우를 다르게 하는 것을 말한다.

다르게 대우한다고 무조건 차별이 되는 것은 아니다. 예를 들어 학교 백일장에서 갑에게 최우수상을 주고 을에게 장려상을 주는 것은 차별이 아니다. 상은 글의 질적 수준에 맞게 주어지는 것이 공평하기 때문이다. 또한 모든 차별을 부당한 것으로 간주해서도 안 된다. 예를 들어 두 사람의 업무 능력이 똑같아도 한 사람은 장애우를 둔 가장이고 한 사람은 총각인 경우 장애우를 둔 가장에게 더 많은 월급을 주는 것은 정당한 차별이 된다. 그러므로 차별이 정당화되는 경우와 그렇지 않은 경우를 구분하는 것이 중요하게 된다.

─〈보 기〉─

ㄱ. 차별이라 하더라도 정당한 차별은 사회적으로 용납된다.
ㄴ. 능력에 비례해서 대우를 하는 것은 차별이라고 할 수 없다.
ㄷ. 차별의 유무는 대우를 결정하는 관련 요소로 판단할 수 있다.

① ㄱ
② ㄱ, ㄴ
③ ㄴ, ㄷ
④ ㄱ, ㄴ, ㄷ

09 다음 글의 내용을 고려할 때, ㉠의 도입 이유로 가장 적절한 것은?

㉠ 국민 참여 재판은 일반인의 법률 이해 수준을 높이는 것은 물론, 더 나아가 사법부의 역할에 대한 국민들의 관심을 크게 향상시킬 수 있는 제도다. 국가의 주요 권한을 가진 사법부를 감시하고 견제하는 데 국민들이 참여하게 되면, 판사가 자신과 안면이 있는 변호사가 맡은 사건에 대해 유리한 판결을 내려주던 관행이 없어지게 되므로 억울한 피해를 막을 수 있다. 뿐만 아니라 사법부가 '절대 권력'을 가진 폐쇄적 기관이 아닌 '국민을 위한' 정의와 심판의 주체로 바로 서야 한다는 시대적 요구를 실현할 수도 있다.

헌법에 근거해 사회 질서를 유지하고 정의를 실현하는 재판관이 되려면 전문 지식과 올바른 판단력을 갖추어야 한다. 그런데 이런 노력에도 불구하고 법치주의의 목표를 훼손하는 판결이 적지 않게 발생하고 있으며, 앞으로도 잘못된 판결이 나타날 가능성 또한 무시할 수 없다. 그렇기 때문에 국민 참여 재판처럼 최대한 공정하게 유무죄를 판가름할 수 있는 새로운 제도가 필연적으로 요구되는 것이다.

① 잘못된 판결을 줄여 재판의 공정성을 높이기 위해서
② 재판이 사법부의 고유 권한이 아님을 강조하기 위해서
③ 사법부의 폐쇄적인 이미지를 개방적으로 바꾸기 위해서
④ 사법부부터 입법부, 행정부에까지 국민 견제를 강화하기 위해서

10 ㉠을 평가한 내용으로 적절한 것만을 <보기>에서 모두 고르면?

2019년도 국가직 5급 변형

쾌락주의자들은 우리가 쾌락을 욕구하고, 이것이 우리 행동의 원인이 된다고 주장한다. 하지만 반쾌락주의자들은 쾌락을 느끼기 위한 우리 행동의 원인은 음식과 같은 외적 대상에 대한 욕구이지 다른 것이 아니라고 말한다. 이에, 외적 대상에 대한 욕구 이외의 것, 가령, 쾌락에 대한 욕구는 우리 행동의 원인이 될 수 없다. 그럼 반쾌락주의자들이 말하는 욕구에서 행동, 그리고 쾌락으로 이어지는 인과적 연쇄는 다음과 같을 것이다.

음식에 대한 욕구 → 먹는 행동 → 쾌락

이런 인과적 연쇄를 보았을 때 쾌락이 우리 행동의 원인이 아니라는 것은 분명하다. 왜냐하면 쾌락은 행동 이후 생겨났고, 나중에 일어난 것이 이전에 일어난 것의 원인일 수 없기 때문이다.
그러나 이런 반쾌락주의자들의 주장은 두 개의 욕구, 즉 음식에 대한 욕구와 쾌락에 대한 욕구 사이의 관계를 고려하지 않고 있다. 즉 무엇이 음식에 대한 욕구의 원인인지를 고려하지 않은 것이다. 하지만 ㉠쾌락주의자들의 주장에 따르면 위의 인과적 연쇄에 음식에 대한 욕구의 원인인 쾌락에 대한 욕구를 추가해야 한다.
사람들이 음식을 원하는 이유는 그들이 쾌락을 욕구하기 때문이다. 반쾌락주의자들의 주장이 범하고 있는 실수는 두 개의 사뭇 다른 사항들, 즉 욕구가 만족되어 경험하는 쾌락과 쾌락에 대한 욕구를 혼동하는 데에서 기인한다. 쾌락의 발생이 행위자가 쾌락 이외의 어떤 것을 원했기 때문이더라도, 쾌락에 대한 욕구는 다른 어떤 것에 대한 욕구를 발생시키는 원인이다.

〈보 기〉

ㄱ. '어떤 욕구도 또 다른 욕구의 원인일 수 없다.'는 ㉠을 강화한다.
ㄴ. '맛없는 음식보다 맛있는 음식을 욕구하는 것은 맛있는 음식을 먹어 얻게 될 쾌락에 대한 욕구가 맛없는 음식을 먹어 얻게 될 쾌락에 대한 욕구보다 강하기 때문이다.'는 ㉠을 강화한다.
ㄷ. '외적 대상에 대한 욕구는 다른 것에 의해서 야기되지 않고 그저 주어진 것일 뿐이다.'는 ㉠을 약화한다.

① ㄱ
② ㄱ, ㄴ
③ ㄴ, ㄷ
④ ㄱ, ㄴ, ㄷ

약점 보완 해설집 p.20

01 '유추'의 방법을 활용하여 '바람직한 학습 방법'에 대해 글을 쓰고자 한다. 글을 통해 추론할 수 있는 내용으로 적절하지 않은 것은?

> 벼농사는 하루아침에 이루어지지 않는다. 일 년 내내 손이 많이 가는 힘든 과정이다. 벼농사의 중요한 과정을 정리해 보면 다음과 같다. 봄이 되면 먼저 논을 가래질하여 농사짓기 좋은 상태로 만든다. 그리고 좋은 볍씨를 골라 모판에 뿌리고, 싹이 나면 모를 논으로 옮겨 일정한 간격을 유지하여 줄을 맞춰 심는다. 이 과정에서 모를 심는 이앙기를 이용하면 작업을 쉽고 빠르게 할 수 있다. 수확량을 늘리려면 일단 모가 좋아야 한다. 또한 논이 마르지 않도록 물을 잘 공급해 주어야 한다. 그 다음에는 여름내 벼가 다 자랄 때까지 김매기 및 병충해 방지·잡초 제거 등의 활동을 지속적으로 해준다. 세찬 비바람에 넘어간 벼는 다른 벼들과 함께 묶어서 세워 주어야 한다. 이렇게 성장한 벼가 가을볕에 잘 여물면 추수를 한다.

① 적절한 학습 도구를 활용하면 학습의 효율성을 더 높일 수 있다.

② 학습을 방해하는 것이 무엇인지를 찾아서 그것을 없애도록 노력한다.

③ 집중력 향상을 위해 이질적인 내용을 묶어 동시에 학습하는 것이 좋다.

④ 시기별 학습 계획을 세우고 이에 따라 꾸준히 학습을 전개해 나가야 한다.

02 다음 글에 이어질 내용을 추론한 것으로 가장 적절한 것은?

> 먼 옛날, 지구상의 생물들이 모두 단세포로 이루어져 있을 때 그들은 끝없이 분열하여 영원히 존재하는 대신 각자의 특성은 따로 없었다. 생물이 진화를 거듭하며 성(性)을 가지게 되고 서로의 유전자를 섞어서 새로운 개체를 탄생시킴과 동시에 그들은 불멸성을 반납하고 탄생과 죽음의 과정을 숙명처럼 받아들이게 되었다. 불멸의 생명을 포기한 선조들 덕에 인간은 유한한 삶을 살게 되었지만 저마다의 개성을 가진 독특한 개체가 될 수 있었다. 그런 과정을 거쳐 인간은 현재 진화의 정점에 서 있는 것이다. 이런 인간에게 개미처럼 전체 사회를 위해 자신을 희생해야 한다고 강요한다면 그것이 진정한 인간의 사회라고 할 수 있을까?

① 인간의 개성은 생명의 불멸성을 포기하고 획득한 소중한 것인 만큼 누구의 개성이든 소중히 여겨야 할 것이다.

② 요즘 사회는 철저히 이기적인 개체들을 선택한다. 이런 풍조는 자연스럽게 이기적인 사람들만이 자연 선택된 사회를 만들어갈지도 모른다.

③ 인간은 자연의 오랜 진화를 단시간에 따라잡을 수 있는 능력을 가지고 태어났지만, 앞으로 살아갈 방식을 성급하게 결정하는 실수를 범해서는 안 된다.

④ 인간은 약자를 돌보며 자연계보다 성숙한 진화를 이루어냈지만 앞으로 자연 법칙에 종속되어 살아가게 될지, 아니면 또 주체적인 삶을 살아가게 될지 아무도 모른다.

03 (가)와 (나)를 전제로 할 때 빈칸에 들어갈 결론으로 가장 적절한 것은?

> (가) 여행을 좋아하는 사람은 사진 찍기를 좋아한다.
> (나) 비행기 타는 것을 싫어하면 사진 찍기를 싫어한다.
> 따라서 [   ]

① 여행을 좋아하면 사진 찍기를 싫어한다.

② 여행을 좋아하면 비행기 타는 것을 좋아한다.

③ 비행기 타는 것을 싫어하면 여행을 좋아한다.

④ 사진 찍기를 좋아하면 비행기 타는 것을 싫어한다.

04 다음 글의 밑줄 친 결론을 이끌어내기 위해 추가해야 할 것은?

> 건강에 관심이 많지 않은 사람은 종합비타민을 챙겨 먹지 않는다. 건강에 관심이 많은 사람은 규칙적으로 운동을 한다. 따라서 A는 종합비타민을 챙겨 먹지 않는다.

① A는 건강에 관심이 많다.

② A는 규칙적으로 운동을 하지 않는다.

③ 종합비타민을 챙겨 먹으면 운동을 하지 않는다.

④ 규칙적으로 운동을 하면 종합비타민을 챙겨 먹는다.

05 ㉠의 이유를 가장 적절하게 추론한 것은?

> 조선 후기의 실학은 몇 가지 특징을 가지고 있었다. 우선, 개혁과 개방이라는 시대적 요청에 대한 철저한 인식이다. 조선 후기는 서양의 문물이 조금씩 도입되고 상품 경제가 활발히 전개되는 가운데 개혁이 절실히 요구되던 시대였다. 여기에서 실학자들은, 모화사상(慕華思想)에 빠져 중국이나 숭상하는 등의 낡은 풍조를 반성하는 한편 국가의 총체적 개혁을 도모하는 것을 학문적 사명으로 삼았다.
>
> 다음으로, 고대의 유교 경전에 관한 근본적 탐구이다. 위와 같은 시대적 요청에 부응하려면, 그때까지 주류였던 사유나 직관을 중시하는 성리학이나 마음을 수양하고 실천에 의하여 성인에 가까워지려는 심학(心學) 등을 가지고는 불가능하다고 생각하게 되었다. 이에 따라 ㉠실학자들은 「대학」, 「중용」, 「주례」 등 고대의 유교 경전에 관한 연구로 돌아가고자 하였다. 이들 고대 유교 경전은 인간의 본원적 상태에 대한 철학적 인식과 국가 제도나 규범의 운용에 대한 시사를 담고 있다고 보았던 것이다. 이러한 실학의 학문적 자세는, 이제 조선의 유학도 글자 하나하나의 뜻을 밝혀 의미를 밝히는 중국의 훈고학에서 벗어나 유교 경전에 관한 직접적 연구가 가능하게 되었다는 자신감의 표출이기도 하였다.

① 고대 유교 경전에는 각종 제도 개혁의 구체적 사례가 담겨 있다고 보았기 때문에

② 고대 유교 경전에는 새로운 철학 체계와 개혁의 지침이 담겨 있다고 보았기 때문에

③ 고대 유교 경전은 마음의 수양과 행동의 실천에 도움이 될 수 있다고 보았기 때문에

④ 고대 유교 경전에는 성리학적 사유나 직관의 모범 사례가 담겨 있다고 보았기 때문에

06 다음 글의 빈칸에 들어갈 말로 가장 적절한 것은?

임금은 어떻게 결정되든지 간에 사용자와 근로자 양측 모두가 수긍하는 적정한 수준에서 결정되는 것이 바람직하다. 임금 수준을 결정하는 중요한 판단 기준으로는 일반적으로 노동생산성, 생계비 등을 들 수 있다.

먼저 임금을 결정하는 데는 노동생산성이 매우 중요하다. 임금 상승률이 노동생산성 증가율보다 높을 경우에는 한 단위 생산에 드는 노동 투입 비용, 즉 단위 노동 비용이 늘어남으로써 원가 상승 요인으로 작용하기 때문이다. 이 경우 향후 물가 상승을 초래하고 다시 고임금을 유발하는 악순환을 가져와 기업의 경쟁력을 떨어뜨리고 나아가 실업을 유발하게 된다. 생계비도 중요한 고려 사항의 하나이다. 임금 수준이 생계비에 미치지 못할 경우에는 근로자들의 구매력 저하로 내수시장이 위축되며 근로자의 근로 의욕을 떨어뜨려 생산성이 낮아지고 이는 다시 저임금의 원인이 되는 악순환을 발생시킨다.

따라서 임금은 □□□□□□□으로 결정되는 것이 바람직하다. 이를 위해서는 물가 안정을 통해 생계비 상승을 일정 수준으로 유지하여 임금 인상 요인을 최대한 억제하는 한편, 생산성을 향상시켜 임금 인상이 원가 상승이나 기업 경쟁력 약화 요인으로 작용하지 않도록 하는 것이 필요하다.

① 노동생산성 범위 내에서 생계비를 충당할 수 있는 수준

② 기업의 경쟁력을 향상시키고 실업을 방지할 수 있는 수준

③ 단위 노동 비용이 늘어나 원가 상승이 유발되지 않는 수준

④ 근로자의 근로 의욕을 향상시켜 생산성을 높일 수 있는 수준

07 다음 글을 이해한 내용으로 적절하지 않은 것은?

초콜릿의 원료가 카카오나무의 열매이다. 초콜릿은 멕시코 원주민들이 카카오 콩으로 만든 자극적인 음료인 '초콜라틀'에서 유래한 것이다. 남아메리카의 아마존강과 오리노코강 인근 지역이 원산지인 카카오는, '신이 내린 선물'이라 불릴 정도로 성스럽고 귀하게 여겨졌다. 16세기 무렵 멕시코에 원정을 다녀온 스페인 사람이 현지 상황을 기록한 내용을 보면, 카카오 열매는 피로 회복 음료나 영양제를 만드는 데 이용되기도 했다는 기록이 나온다.

16세기에 남아메리카를 점령한 스페인의 정복자 코르테스는 그곳 원주민들의 음료인 초콜라틀을 본국으로 가져다가 귀족들에게 소개했다. 초콜라틀이 귀족들 사이에서 큰 인기를 끌자, 발음이 쉬운 '초콜라테'로 불리다가 다시 발음이 더 간편한 '초콜릿'으로 불리게 되었다. 이렇게 스페인에서 시작된 초콜릿 열풍은 얼마 지나지 않아 유럽 전역으로 확대되었다.

그 후 산업 혁명을 거치면서 초콜릿에도 획기적인 변화가 일어났다. 1828년 네덜란드의 한 식품 기술자가 카카오 콩을 압착하여 지방을 뽑는 기술로 코코아 버터를 만드는 데 성공했기 때문이다. 이로 인해 초콜릿이 음료가 아닌 크림 형태로 변신하게 되었고, 이로부터 20년 후 영국에서는 틀에 부어서 모양을 내는 판형 초콜릿이 처음으로 등장하게 되었다. 오늘날과 같은 판형 초콜릿의 등장으로 인해 들고 다니며 간편하게 먹을 수 있게 된 초콜릿은 일반 대중들에게 급속도로 퍼져 나가, 결국에는 초콜릿의 대중화 시대가 열렸다.

① 초콜릿은 멕시코 원주민들이 카카오 콩으로 만든 자극적인 음료에서 유래한 것이다.

② 카카오 열매는 유럽에 전해져 피로 회복 음료나 영양제를 만드는 데 이용되기도 했다.

③ 크림 형태의 초콜릿은 카카오 콩을 압착하여 지방을 뽑는 기술을 바탕으로 만들어졌다.

④ 오늘날과 같이 틀에 부어서 모양을 내는 판형 초콜릿이 처음 만들어진 나라는 영국이다.

08 (가)~(라)의 중심 화제로 적절하지 않은 것은?

> (가) 기억 실패, 곧 망각의 원인을 설명하는 데에 유용한 이론 중 하나가 '간섭 모형'이다. 간섭 모형이란 경쟁하는 다른 정보 때문에 기억해야 할 정보를 잊어버리는 현상을 말한다. 가령 피험자에게 3~4개의 기억 항목을 제시하고 그가 기억 항목을 암송해야 하는 파지 간격, 즉 기억 항목 제시부터 검사까지의 간격 동안 그에게 방해 과제를 추가적으로 제시하면 방해 과제가 기억 항목의 저장을 방해하여 이를 기억하는 것을 거의 불가능하게 한다.
>
> (나) 간섭 현상에서는 간섭이 이루어지는 방향이 중요하다. 여기에는 '순행 간섭'과 '역행 간섭'이 있다. 기억 항목의 제시 순간을 기점으로 할 때, 순행 간섭이란 기존에 학습했던 정보가 기억 항목의 저장을 방해하는 것을 의미한다. 이전에 암기했던 단어들이 새롭게 암기해야 할 단어들을 저장하는 것을 방해하는 경우가 이에 해당한다. 반면에 역행 간섭은 지금 학습하는 정보가 이전에 저장했던 기억 항목의 인출을 방해하는 것을 뜻한다. 새롭게 암기하는 단어가 이전에 암기한 단어를 회상하는 것을 방해하는 경우가 이에 해당한다.
>
> (다) 망각의 원인을 살피기 위한 연구로 계열 위치 곡선을 조사하는 방법이 있다. 계열 위치 곡선이란 원래 제시한 순서에 따라 각 단어의 회상률을 나타낸 것이다. 예를 들어, 임의의 열 단어를 순서대로 제시하고 피험자로 하여금 일정 시간 후 회상을 요구하면, 맨 처음 제시한 몇 개의 단어가 상대적으로 더 잘 회상되는 초두 효과와 맨 나중에 제시한 몇 단어가 더 잘 회상되는 최신 효과가 나타난다.
>
> (라) 이와 같은 계열 위치 곡선의 특징은 간섭 이론으로 설명할 수 있다. 기억해야 할 목록의 전반부에 속한 단어들은 맨 처음 제시되는 단어들이므로 순행 간섭의 영향을 받지 않아 회상률이 높다. 그리고 회상을 요구받는 시점에 가장 가까운 지점인 목록의 후반부에 속한 단어들은 뒤따라 제시되는 단어들에 의한 역행 간섭의 영향을 받지 않아 회상률이 높다. 반면에 목록의 중간에 속한 단어들의 경우, 순행 및 역행 간섭의 영향을 동시에 받으므로 전·후반부 단어들에 비해 회상률이 상대적으로 저조하다.

① (가): 간섭 모형의 개념
② (나): 간섭 현상의 두 종류
③ (다): 계열 위치 곡선의 의미
④ (라): 계열 위치 곡선의 한계

09 다음 글의 내용을 고려할 때, <보기>의 빈칸에 들어갈 말로 가장 적절한 것은?

차량의 엔진 위치는 핸들의 위치와 관련이 있다. 우리나라처럼 왼쪽 핸들은 전륜 구동* 차량의 엔진 위치가 오른쪽으로 오는 게 원칙이다. 이는 차량의 운동 성능 때문인데, 만일 운전자가 혼자서 왼쪽 핸들 차량에 앉아 운전할 때, 엔진도 왼쪽, 즉 운전자 쪽으로 치우쳐 있다면 차량 좌우의 무게 균형이 맞지 않게 된다. 일반 직선주행을 할 때는 잘 드러나지 않지만 고속으로 달리던 중 방향을 바꿀 때에는 쏠림 현상이 일어나게 된다.

전륜 구동 차량의 엔진 위치는 차량의 주행 성능과도 관계가 있다. 엔진이 오른쪽에 있으면 엔진의 동력을 차체에 전달해 주는 변속기는 엔진 왼쪽, 즉 운전자 쪽으로 설계된다. 왼쪽 핸들은 운전자가 오른쪽 발로 가속 페달을 조작하기 때문에 자연스럽게 가속 페달과 변속기의 거리가 짧아진다. 이는 페달 조작에 대한 변속기의 반응이 빨라진다는 것을 의미한다. 즉 차량의 반응성이 향상되는 것이다. 만일 왼쪽 핸들 차량의 엔진이 운전자와 같은 쪽인 왼쪽에 놓이면 변속기는 엔진 오른쪽으로 붙게 된다. 이때 자연스레 페달과의 거리가 멀어지면서 페달의 조작 지시가 여러 단계를 거쳐 변속기에 미치게 되므로 짧은 순간이나마 시간 지체가 나타난다. 쉽게 말해서 빨리 가려고 가속 페달을 꾹 밟았는데 약간 머뭇거린 후에 차가 튀어나가게 되는 것이다.

엔진 방향은 안전과도 관련이 깊다. 왼쪽 핸들 차량의 경우 엔진이 운전자 쪽인 왼쪽에 있으면 운전자는 바로 엔진의 뒤쪽에 앉게 된다. 고속으로 주행하다 사고가 났을 때, 정면으로 충돌하게 되면 차량의 엔진룸이 찌그러지면서 엔진이 뒤로 밀리게 되어 운전자의 생명을 위협할 수가 있다.

이런 이유로 볼 때, 왼쪽 핸들 차량의 경우에는 엔진이 오른쪽, 오른쪽 핸들 차량의 경우에는 엔진이 왼쪽에 놓이는 것이 안전하다. 이 말은 왼쪽 핸들로 정해져 있는 나라는 모두 엔진이 오른쪽에 놓인 자동차들만 운행하고, 오른쪽 핸들로 정해져 있는 나라는 모든 엔진이 왼쪽에 놓인 자동차들만 운행하면 안전하다는 것을 의미한다. 그러나 각 나라마다 핸들 방향은 한 가지로 정해져 있는데, 엔진의 위치가 다른 자동차들이 섞여 있는 나라가 있는 것은 무슨 까닭일까. 그것은 자동차 산업이 발달하지 않은 나라에서 자동차의 하부 구조를 수입할 때, 수출국의 하부 구조를 가져와 그대로 사용하는 경우라고 할 수 있다.

* 전륜 구동: 엔진이 앞쪽에 있고 앞바퀴로 자동차를 움직이는 방식. 중량이 앞에 걸려 핸들을 꺾는 데는 어려움이 있으나, 회전 반경이 크고 뒤가 덜 흔들려 운전이 편하고 추진축이 없어 가볍고, 연료 소비를 줄일 수 있다는 장점이 있다.

〈보 기〉
A자동차는 자동차 엔진이 운전자와 반대쪽에 있다. 이 자동차는 엔진이 오른쪽에 놓이는 대신 변속기는 운전자 쪽으로 놓이게 된다. 그러면 [   ]

① 가속 페달과 변속기의 거리가 멀다.
② 가속 페달을 밟으면 천천히 출발하는 느낌이다.
③ 고속으로 달리다가 방향을 바꿀 때 쏠림 현상을 완화할 수 있다.
④ 정면 충돌 사고가 났을 때 엔진룸에 의해 상해를 입을 확률이 많다.

10 다음 글을 추론한 내용으로 가장 적절한 것은?

무리를 지어 이동하는 모습을 보면, 물고기 새 곤충 등 여러 동물들에게서 공통적으로 나타나는 패턴을 발견할 수 있다. 컴퓨터 공학자인 레이놀즈는 동물의 집단행동을 컴퓨터로 재현하는 '바이오드(Biods)'라는 프로그램을 만들었다. 이 프로그램은 가상의 동물이 무리 짓기를 하도록 만든 것인데, 여기에 세 가지 행동 규칙을 입력하면 가상의 동물이 실제와 거의 비슷한 무리를 이룬다. 레이놀즈가 설정한 첫 번째 규칙은 '분리의 원칙'으로, 동물들이 너무 가까이 몰려 있어서 동료와 충돌하거나 복잡하게 붐비는 현상을 피하도록 하는 원칙이다. 두 번째 규칙은 '정렬의 원칙'으로, 이웃한 동료들이 향하는 방향의 가장 평균이 되는 방향으로 움직이도록 하는 원칙이다. 마지막 규칙은 '응집의 원칙'으로, 동료들 간의 거리가 일정한 거리가 되도록 하는 원칙이다.

무리 짓기의 세 가지 원칙은 한 개체와 다른 개체의 거리에 따라 각각 다르게 작용한다. 무리 중에 하나의 개체 A가 있다고 가정해 보자. A와 가장 가까운 곳에 있는 또 다른 개체 B에는 '분리의 원칙'이 작용하기 때문에 A와 B는 서로 떨어지게 된다. 거리가 좀 더 떨어진 중간 영역에서는 두 번째 원칙인 '정렬의 원칙'이 작용한다. 이 원리로 인해 개체 A는 주위에 있는 다른 개체들이 전체적으로 움직이는 방향과 같은 방향으로 움직이게 된다. 마지막으로 다소 멀리 흩어져 있는 개체들은 '응집의 원칙'에 따라서 서로 가까워지려고 한다. 이로 인해 개체들이 합쳐져서 큰 무리를 이루게 된다.

결국 동물들은 레이놀즈의 세 가지 원칙에 따라 무리를 이루고 이동하는 셈이다. 다만 종에 따라 무리의 규모가 약간씩 달라지는데, 예를 들어 두루미보다는 기러기가 좀 더 큰 무리를 이룬다. 한편, 새가 자신의 위치를 결정할 때 어느 정도의 주변 동료들을 고려하는지에 관한 사항도 종 고유의 특징을 따른다. 종달새는 거리와 관계없이 주변 동료들 6~7마리 정도의 위치를 고려하여 자신의 위치와 방향을 결정한다. 종 고유의 생리학적인 특징도 영향을 미친다. 새는 몸의 뒤쪽을 볼 수 없으므로, 위치와 방향을 결정할 때 뒤따라오고 있는 새의 움직임은 고려하지 못한다. 반면에 물고기는 몸의 측면을 통해 물의 흐름과 같은 신호를 감지할 수 있기 때문에 전후좌우와 상하 모든 방향의 정보를 수집하여 거리를 유지할 수 있다.

① 물고기 무리는 후면에서 발생한 신호에도 민감하게 반응할 것이다.

② 새의 무리는 세 원칙 중 분리의 원칙이 우선적으로 적용될 것이다.

③ 무리 짓기 원칙의 기본 근거는 우두머리가 움직이는 방향일 것이다.

④ 무리의 한가운데에 있는 개체가 무리의 이동 방향을 결정할 것이다.

약점 보완 해설집 p.22

소요시간   분   초 (총 10문항 / 10분)

01 '인지 부조화'를 경험한 사람에게 조언을 한다고 할 때, ㉠~㉢의 방법과 <보기>의 조언의 연결이 모두 바른 것은?

> 사람들은 자신이 갖고 있는 신념들 사이의 갈등으로 인해 행동과 태도가 일치되지 않는 상태를 경험하는데, 이를 '인지 부조화'라고 한다. 인지 부조화는 행동과 태도의 불일치로 인해 불편한 감정을 유발한다.
>
> 사람들이 느끼는 인지 부조화의 정도는 불일치의 폭이나 문제의 중요성에 달려있다. 대부분의 사람들은 인지 부조화를 경험할 때 긴장을 유발하기 때문에 그것을 줄이기 위해 노력한다. 인지 부조화를 줄일 수 있는 방법은 크게 세 가지가 있다. 첫째는 ㉠ 일관성(평행 상태)을 유지하기 위해 태도나 행동을 변화시키는 것이다. 자신이 싫어하는 일을 계속하게 되면 사람들은 인지 부조화를 느낀다. 따라서 자신이 그 일을 싫어하지 않는다고 자신에게 확신시킴으로써 인지부조화를 감소시키는 것이다. 둘째는 ㉡ 자신의 태도나 행동을 지지하는 새로운 정보를 얻음으로써 인지 부조화를 감소시킨다. 그러한 정보는 불일치를 걱정할 필요가 없는 것으로 확신시켜 주기 때문에 태도나 행동을 변화시키지 않아도 된다. 셋째는 ㉢ 갈등의 중요성을 감소시키는 것이다. 예를 들어 흡연자는 폐암에 걸리는 것을 중요하게 생각하지 않을 수도 있다. 세월이 지나 의학이 발달하면 폐암을 고칠 수 있다고 믿는 것이다.

> ─〈보 기〉─
> ⓐ 네가 하는 일이 반드시 잘못될 것은 아니라는 증거를 찾아 봐.
> ⓑ 시간이 지나면 저절로 해결될 문제니까 깊이 고민하지 않아도 돼.
> ⓒ 어쩔 수 없이 해야 할 일이라면 차라리 그 일이 즐거운 것이라고 믿어봐.

	㉠	㉡	㉢
①	ⓐ	ⓐ	ⓒ
②	ⓑ	ⓒ	ⓑ
③	ⓒ	ⓑ	ⓐ
④	ⓒ	ⓐ	ⓑ

02 (가)~(라)를 맥락에 맞추어 가장 적절하게 나열한 것은?

> 고드름은 흔히 위에서 아래로 자라는 것으로 알려져 있다. 하지만 전북 진안의 마이산에서는 의외의 현상을 볼 수 있다.
>
> (가) 이 현상을 연구한 첫 과학 논문은 1921년에 나왔다.
> (나) 이 현상은 서양에서도 발견되어 1990년대부터 '아이스 스파이크'라고 불러 왔다.
> (다) 너무 기이한 현상이라 20세기 초부터 과학자들의 호기심을 끌어왔다.
> (라) 아래서 위로 자라는 '역고드름'이다.
>
> 초기 연구는 어떻게 이런 얼음이 생기느냐에 대한 것이었다. 이 이론은 연구자 이름을 따서 '발리-도시'이론이라고 한다.

① (나)-(가)-(라)-(다)
② (나)-(다)-(가)-(라)
③ (라)-(나)-(가)-(다)
④ (라)-(나)-(다)-(가)

03 글쓴이가 전제하고 있는 생각으로 가장 적절한 것은?

> 근대가 시작되면서 우리는 줄곧 어간과 어미, 체언과 조사를 엄격하게 구별하여 적는 원칙을 고수하여 왔고 현재 모든 교과서와 공식적인 출판물에서 이를 반영하고 있다. 하지만 이런 전통적인 규범이 현대 사회에서 새로운 필기 매체를 만나면서 옷을 갈아입고 있다. 문제는 소리 나는 대로 적다보니 새로운 문화적 현상을 창출하고 있는 현대의 언어 표기가 맞춤법 규범에서 벗어난다는 것이다. 그러나 표기법이 그 문화의 특성과 유리될 수 없는 사회적 현상임을 고려할 때, 인터넷 글쓰기에서 나타나는 표기법을 규범에 어긋난 현상이라고 비판만 할 수는 없지 않은가?

① 언어는 사회·문화적 특성을 감안해야 한다.

② 언어는 인위적 노력에 의해 변화하게 된다.

③ 언어의 내용과 형식은 일정한 법칙을 지닌다.

④ 언어는 민족의 문화와 불가분의 관계에 있다.

04 다음 글의 빈칸에 들어갈 결론으로 가장 적절한 것은?

> 판소리의 창자(唱者)는 어조와 말투를 바꿈으로써 여러 인물의 특징을 효과적으로 표현해 낸다. 이때 인물의 심리 상태를 드러내는 단어를 강조하거나 적절한 동작을 가미하는 등의 방법을 사용하여 극을 더욱 실감나게 만든다. 더불어 창자는 장면에 어울리는 장단을 활용함으로써 극에 리듬감을 부여하여 판소리의 특징을 구현해 내는 역할도 한다. 그러므로 「춘향가」를 감상할 때에는 [   ]에 초점을 맞추며 감상하는 것이 효과적이다.

① 상황에 따른 장단의 변화

② 창자가 만들어 내는 다양한 요소

③ 판소리만이 가지는 즉흥적 독창성

④ 등장인물의 심리 상태가 변하는 것

05 다음 글의 밑줄 친 결론을 이끌어내기 위해 추가해야 할 것은?

> 질투심이 많으면 마음이 괴롭다. 약물에 의지하면 가족과 멀어진다. 따라서 질투심이 많으면 가족과 멀어진다.

① 가족과 가까우면 약물에 의지한다.

② 마음이 괴로우면 가족과 멀어지지 않는다.

③ 질투심이 많으면 약물에 의지하지 않는다.

④ 약물에 의지하지 않으면 마음이 괴롭지 않다.

06 다음 글의 (가)와 (나)에 들어갈 말을 적절하게 나열한 것은?

> 강변여과수란 하천, 호소 또는 그 인근지역의 사력층을 통과한 물로 하천 또는 호수 인접 지역을 굴착하여 설치한 양수시설로 취수하여, 하천 표류수가 대수층을 통과하면서 여과되는 이점을 활용하는 것이다. 강변여과수의 여과 메커니즘은 모래나 자갈의 공극을 통과하여 우물로 집수되면서 물리적 여과와 흡착이나 생화학적 분해에 의해 용존 오염물질이나 병원성 세균이 제거되는 화학적·생물학적 여과로 구분된다. 강변여과수는 (가) .
>
> 강변여과수 취수방식 중 유럽에서 많이 이용되고 있는 인공함양 방식은 해안가 사구지대 또는 강변의 둔치를 활용하거나 인공적으로 굴착한 인공함양지를 만드는 방식으로, 대체적으로 원수를 인공함양지로 직접 공급할 경우 여과 기간이 짧아져 여과 효과를 떨어지게 하므로, 우선 원수를 침전 및 여과로 전처리한 후 인공함양지로 공급하여 우물을 통해 취수 및 공급하는 방식을 주로 채택하고 있다. 그러나 (나) .

───────〈보 기〉───────

> ㉠ 인공함양지 조성을 위한 대규모 토지 매수와 막대한 투자비가 요구되는 단점이 있다.
> ㉡ 유지관리비용이 저렴하다는 장점이 있는 반면 설치 공정이 복잡하고 공사비가 비싼 단점이 있다.
> ㉢ 오염물질을 걸러 주기 때문에 비교적 양호하고 안정적인 수원을 제공하고, 정수처리 시 발생하는 슬러지 처리비용을 줄이는 장점이 있다.

	(가)	(나)
①	㉡	㉠
②	㉡	㉢
③	㉢	㉡
④	㉢	㉠

07 다음 글에 대한 설명으로 적절하지 않은 것은?

> 사람의 눈은 2개이기 때문에 실제 사물을 볼 때 양쪽 눈은 각각 조금씩 다른 각도로 사물의 형태를 인식한다. 이렇게 두 눈에 들어온 영상 신호가 합쳐져 하나의 영상으로 인식되는 과정에서 두뇌는 각 사물의 3차원적인 원근과 깊이(입체감)를 인지하게 된다. 하지만 일반적인 TV는 2차원 평면에 영상을 표시하므로 보는 각도가 달라져도 두 눈에 전달되는 영상은 동일하다. 이 때문에 그동안 TV에서 실제로 사물을 보는 것과 같은 입체감을 느끼는 것이 불가능했다.
>
> 반대로, 양쪽 눈에 각각 다른 각도의 영상을 보여 줄 수 있다면 평면에 표시되는 영상을 볼 때도 실제 사물을 보는 듯한 입체감을 느낄 수 있을 것이다. 이러한 원리를 TV에 적용한 것이 바로 3D TV(3-Dimensional Television)이다. 3D TV는 왼쪽, 오른쪽 눈에 보이는 영상에 차이를 둬 거리감을 인식하게 하여 마치 눈앞에 생생한 영상이 입체적으로 나타나 보이게 하는 것이다. 색을 왜곡하지 않고 왼쪽과 오른쪽의 영상에 차이를 두는 역할은 3D 전용 안경이 담당한다. 안경의 종류에 따라 3D TV는 편광 안경 방식과 셔터 안경 방식으로 나뉜다.

① 대상의 종류를 유형에 따라 구분한다.
② 대상의 개념을 정의하며 원리를 설명한다.
③ 대상의 기능을 잘 나타내는 구체적 사례를 든다.
④ 대상과 관련된 원리를 소개하면서 논의를 시작한다.

08 다음 진술이 모두 참일 때 반드시 참인 것은?

> ○ 축구를 잘하는 사람은 감기에 걸리지 않는다.
> ○ 휴지를 아껴 쓰지 않는 사람은 감기에 걸렸다.
> ○ 나는 축구를 잘한다.

① 나는 축구를 자주 한다.

② 나는 휴지를 아껴 쓴다.

③ 나는 감기에 자주 걸린다.

④ 축구를 하면 감기에 걸린다.

09 다음 글에 대한 적절한 반응을 <보기>에서 모두 고르면?

은유는 지시적 의미의 범위를 넘어 문장 안에 내포된 화자의 의도나 화자의 상상력에 입각하여 비유적 언어를 사용하는 용법을 말한다. 은유는 임시적으로 그때그때 생성되는 언어 표현이라는 점을 특징으로 하고 있다. 시간적으로 오래, 공간적으로 널리 확대되어 쓰이게 되면 원관념은 없어지고 보조 관념만 쓰이게 되는 경우가 발생하는데, 이렇게 되면 그 은유는 이미 사은유(死隱喩) 또는 관용어가 된다. 관용어는 하나의 굳어진 표현으로 제3의 의미를 나타내는 언어 단위로서, 구(句)나 절(節)로 구성되는 경우가 대부분이다.

은유는 참신하고 효과적인 표현을 위한 수단으로서, 추상적이고 막연한 개념을 구체적이고 분명한 개념으로 나타내는 표현의 효과를 가져오는 데 그 목적이 있다. 진정한 은유는 맨 처음 한 사람이 처음 썼을 때 가장 가치가 있고 은유의 참된 본질을 나타내는 것으로, 주로 시에 쓰이는 은유가 바로 이와 같이 참신한 개인 은유로서 창조적인 면이 강하다. 은유는 어떤 언어에나 다 있는데, 표현의 신선미를 주는 인간의 창조적 능력을 가장 잘 나타내는 언어 표현이라고 할 수 있다.

〈보 기〉

ㄱ. 일정 기간이 지나면 은유는 모두 사은유로 변화하게 되는군.

ㄴ. 참신하고 효과적인 표현을 얻고자 할 때 은유를 활용할 수 있겠군.

ㄷ. 은유가 사용된 문장은 그렇지 않은 문장보다 추상적인 표현이 많겠군.

① ㄱ

② ㄴ

③ ㄱ, ㄴ

④ ㄴ, ㄷ

10 <u>㉠</u>에 대한 이해로 가장 적절한 것은?

요사이 자주 회자되는 용어 가운데 하나인 ㉠ '크로스오버(crossover)'는 말 그대로 가로 지르기, 곧 장르 사이의 경계를 허무는 것을 뜻한다. 서로 다른 장르가 만나 새로운 장르를 만들어 내는 것을 가리키는 퓨전(fusion)과 그 의미를 구별해서 써야 한다는 주장도 있지만 실제로 큰 차이는 없다. 크로스오버를 통해서도 얼마든지 훌륭한 예술 작품이 탄생할 수 있기 때문이다. 굳이 둘을 구분하자면 크로스오버는 선을 넘고 벽을 깨는 것을 말하고, 퓨전은 거기서 한발 더 나아간 융합의 상태를 뜻한다고 할 수 있다.

사회의 각 분야 중에서 크로스오버가 가장 활발하게 진행되는 분야는 단연 음악 분야이다. 예를 들어 랩에 재즈가 곁들여지면 '재즈 랩'이 되고, 록이 들어가면 '랩 록'이 되는 것이다. 크로스오버는 '이것은 흑인 음악이고 저것은 백인 음악'이라는 식으로 음악에 담긴 다양한 요소를 무시하는 구분을 낡은 것으로 만들어 버리는 친화력이 있다. 또 동서양의 문화를 한데 묶는 통합적 가치를 발휘하여 글로벌 시대의 중요한 코드로 자리잡았다. 그래서 크로스오버를 가리켜 '현대음악의 대변자'라고 부르기도 한다. 음악계에서 크로스오버가 언제부터 시도되었는지 그 명확한 시기는 불분명하다. 넓은 범위에서는 1950년대에 흑인들의 블루스와 백인들의 컨트리가 합쳐져서 탄생한 로큰롤을 그 시초로 보기도 하지만, 대체적으로는 '마일즈 데이비스'와 '그룹 시카고' 등에 의해 록과 재즈가 결합되어 '재즈 록'이라는 장르가 탄생한 1960년대 말을 크로스오버의 기점으로 보는 것이 타당할 듯하다. 또 그 무렵에 클래식과 록이 제휴한 프로그레시브 록이 출현했으니, 크로스오버의 전통도 어느덧 반세기 가까이 되는 셈이다.

우리 국악과 서양의 재즈가 한데 어우러진 '김덕수패 사물놀이'의 연주곡이나, 성악과 팝의 만남을 시도한 '안드레아 보첼리'의 노래들은 크로스오버의 대표적인 예로 꼽힌다. 분명 이들의 음악은 이질적인 장르들이 만나 탄생한 것이지만, 전자는 국악 애호가와 재즈 애호가가 함께 들을 수 있고, 후자는 클래식 성악 팬들과 팝 팬들을 단일화한다. 이들은 의미에 구애받지 않고도 얼마든지 즐겁고 재미있게 들을 수 있다는 매력을 보여 주거나, 낯설고 난해해서 일반 대중이 쉽게 다가가기 어려웠던 클래식을 편안하고 서정적인 팝 스타일로 들려준다는 장점을 지니고 있다.

이들의 음악을 듣다 보면 진정한 클로스오버란 두 장르의 무조건적인 결합이 아니라, 서로에 대한 깊은 이해와 철저한 분석을 바탕으로 이루어지는 것임을 알 수 있다. 현대인들이 이제껏 볼 수 없었던 새로운 음악의 세계를 통해 기쁨을 느끼는 동안, 크로스오버 음악은 우리 시대 음악사의 한 페이지를 굵게 장식하고 있다.

① 장르 간의 자유로운 교류를 특징으로 한다.
② 장르와 장르의 융합이 핵심적인 구성 요건이다.
③ 대중적 성격을 획득하려는 목적에서 시작된 음악이다.
④ 동서양의 이질적인 문화를 극복하려는 의도를 담고 있다.

약점 보완 해설집 p.24

소요시간   분   초 (총 10문항 / 10분)

01 다음 글에서 추론한 내용으로 가장 적절한 것은?

중앙은행은 국내외 경제 상황, 물가동향 등을 종합적으로 고려하여 연 8회 기준 금리를 결정한다. 기준 금리는 중앙은행이 시중의 상업은행과 예금 및 대출 등의 거래를 할 때 기준이 되는 금리로서, 중앙은행이 화폐 공급을 확대하고자 할 때는 기준 금리를 낮춘다. 중앙은행이 기준 금리를 낮추면 상업은행이 발행하는 양도성 예금증서의 금리가 낮아진다. 여기서 양도성 예금증서란, 상업은행이 예금을 맡았다는 것을 인정하여 발행하는 무기명의 증서로서 양도가 자유로우며, 개인이나 기업은 이자만큼 할인된 가격에 양도성 예금증서를 구입할 수 있다. 우리나라의 상업은행은 양도성 예금증서의 금리에 각각의 상업은행에서 정한 약간의 금리를 더해 대출 금리를 결정한다. 즉 중앙은행이 기준 금리를 인하하면 상업은행의 대출 금리가 낮아지고 이에 따라 대출 수요가 늘어나며 시중에 유통되는 화폐량이 많아져 가계 소비와 기업 투자가 늘어나게 되는 것이다.

① 상업은행의 대출 금리는 양도성 예금증서의 금리와 같게 결정된다.

② 중앙은행이 상업은행과 거래할 때의 금리는 1년간 고정되어 적용된다.

③ 기준 금리란 중앙은행이 양도성 예금증서를 발행할 때 적용하는 금리를 말한다.

④ 양도성 예금증서의 금리가 낮아지면 상업은행에서 대출을 받으려는 사람이 늘어난다.

02 ㉠의 사례가 포함되어 있는 것은?

㉠ 정보의 비대칭성이란 거래의 쌍방 중 어느 한 쪽이 다른 쪽보다 우월한 정보를 갖고 있는 경우를 말하는데, 정보의 비대칭성이 클 경우 우월한 정보를 가진 쪽이 자신의 이익을 목적으로 거래 상대방을 속이거나 유리한 계약 조건을 만들 수 있다. 보험 시장의 경우, 가입자는 자기 자신에 대해 잘 알지만 보험 회사는 가입자에 대해 잘 모르는 '정보의 비대칭성'이 생겨나고 이로 인해 역선택이 발생한다.

① 수영을 일주일 배운 사람보다 1년 배운 사람이 더 높은 수준의 수영 교육을 받을 수 있다.

② 복권을 많이 산 사람과 적게 산 사람의 당첨 확률에 차이가 생겨 많이 산 사람이 유리하다.

③ 태블릿 PC를 구입할 필요나 의사가 없었던 사람이 텔레비전에서 나오는 광고를 보고 태블릿 PC를 구입한다.

④ 금융 시장의 투자자들은 건실한 기업과 부실한 기업의 구분이 어려워 대외적으로 거래량이 많고 정보가 많은 대기업의 주식을 선호한다.

03 (가)~(라)를 맥락에 맞추어 가장 적절하게 나열한 것은?

> 공동체 구성원들이 공유하는 믿음이나 가치 등을 패러다임이라 하는데 토마스 쿤은 패러다임의 전환을 통해 과학이 발전한다고 하였다.
>
> (가) 이런 과정 속에서 새로운 여러 패러다임들이 경쟁을 하게 되고, 그러다가 어느 패러다임이 지배적인 과학 이론으로 수용되는데 쿤은 이를 과학혁명이라 하였다.
>
> (나) 그러나 천동설로 설명할 수 없는 현상들이 많이 발견되자 천동설이 폐기되고 지동설로 전환되었다.
>
> (다) 이렇듯 지배적인 패러다임 하나가 존재하다가 그 패러다임으로 설명할 수 없는 현상들이 많아져 도전을 받게 되면 기존의 과학에 위기가 찾아온다.
>
> (라) 예를 들어 천동설이 진리로 받아들여지던 시기에는 모든 천문 현상이 천동설의 테두리에서 설명되었다.

① (나)-(가)-(라)-(다)

② (나)-(다)-(가)-(라)

③ (라)-(나)-(가)-(다)

④ (라)-(나)-(다)-(가)

04 다음 글의 빈칸에 들어갈 말로 가장 적절한 것은?

2010학년도 11월 고1 전국연합학력평가 변형

> 우리는 일상생활에서 중요한 일을 앞두고 스스로 불리한 조건을 만드는 경우를 흔히 볼 수 있다. 심리학에서는 이를 스스로에게 핸디캡을 준다는 의미로 '셀프 핸디캐핑(self-handicapping)'이라 부른다. 셀프 핸디캐핑이란 일상생활에서 자신의 중요한 어떤 특성이 평가의 대상이 될 가능성이 있고, 동시에 거기에서 좋은 평가를 받을 수 있을지 불확실한 경우, 과제 수행을 방해할 [   ] 그 불리한 조건을 다른 사람에게 주장하는 것을 말한다. 중요한 시험 전날 공부는 하지 않고 영화를 보러 간 학생이 다음날 아침에 등교하자마자 다른 학생들에게 들으라는 듯 자신이 어제 본 영화의 내용에 대해 큰소리로 떠드는 경우가 이에 해당한다.

① 불리한 조건을 스스로 제거하여

② 불리한 조건을 스스로 만들어내어

③ 불리한 조건을 다른 사람 탓으로 돌려

④ 유리한 조건과 불리한 조건을 함께 만들어서 그중

05 ㉠~㉢ 시기의 예술관과 관련 있는 것을 <보기>에서 찾아 바르게 연결한 것은?

댄토가 오늘의 상황을 예술의 종말이라고 주장하는 근거는 무엇인가? 그는 예술 상황을 설명할 수 있는 객관적인 역사적 구조가 있다고 말한다. 즉 모든 것이 어떤 시대에나 가능한 것이 아니라 특정한 예술 생산을 가능하게 만드는 역사적 구조가 있다는 것이다. 우선 예술의 개념이 출현한 르네상스부터 인상주의에 이르기까지의 ㉠ 전통주의 시기는 원근법이나 명암법 등으로 대상의 외관을 시각적으로 재현하는, 곧 회화적 재현이 예술의 목표였다. 그 이후 ㉡ 모더니즘 시기는 예술의 본질에 충실하는 것이 강조되어 다른 예술의 매체로부터 빌려왔거나 다른 예술 매체가 빌려간 것으로 여겨지는 일체의 효과를 제거해야 한다는 입장을 가졌다. 즉, 한 예술은 다른 예술과 구분될 수 있는 매체의 조건이 있어야 하는 것이다.

댄토는 이러한 모더니즘이 1960년대의 '팝 아트' 등장으로 끝났다고 보고 있다. 그는 팝 아트가 예술 작품이 어떠해야 한다는 특수한 방식이 더 이상 존재하지 않는다는 것을 보여 준 것으로 인식하고 있다. 그는 이 시기의 예술을 특정한 내적인 방향이 없는 자유로운 상태의 예술이라고 진단한다. 즉, 이 시기가 바로 무엇이든지 예술이 될 수 있는 시기, 곧 ㉢ 다원주의 시기라고 주장하는 것이다. 따라서 모든 예술에는 유일한 본질적인 가치가 있다고 믿었던 이전의 시기들과 달리, 오늘날의 예술은 작품마다 그에 해당하는 개별적인 가치가 있다고 보는 것이다.

─────〈보 기〉─────

ㄱ. 이제는 아침에는 추상주의자, 오후에는 표현주의자, 저녁에는 포토리얼리스트가 될 수 있다.

ㄴ. 다른 예술에는 없지만 내가 추구하는 예술에는 있는 그 무엇을 찾는 것이 예술의 진정한 목표이다.

ㄷ. 우리가 보는 자연의 이미지는 자연에서 직접 보는 것이 아니라 재현을 통해서 보는 것이므로 새로운 느낌을 받는 것이다.

	㉠	㉡	㉢
①	ㄱ	ㄴ	ㄷ
②	ㄴ	ㄷ	ㄱ
③	ㄷ	ㄱ	ㄴ
④	ㄷ	ㄴ	ㄱ

06 (가)와 (나)를 전제로 결론을 이끌어 낼 때, 빈칸에 들어갈 말로 가장 적절한 것은?

(가) 공부를 잘하는 사람은 모두 꼼꼼하다.
(나) [   ]
따라서 꼼꼼한 사람 중 일부는 시간 관리를 잘한다.

① 꼼꼼한 사람은 시간 관리를 잘하지 못한다.
② 시간 관리를 잘하지 못하는 사람은 꼼꼼하다.
③ 공부를 잘하는 어떤 사람은 시간 관리를 잘한다.
④ 시간 관리를 잘하는 사람 중 일부는 꼼꼼하지 않다.

07 다음 글의 중심 내용으로 가장 적절한 것은?

우리는 선인들이 남긴 훌륭한 문화유산이나 정신 자산을 언어, 특히 문자 언어를 통해 얻는다. 언어가 시대를 넘어 문명을 전수하는 역할을 하는 것이다. 언어를 통해 전해진 선인들의 훌륭한 문화유산이나 정신 자산은 당대의 문화나 정신을 살찌우는 밑거름이 된다. 만약 언어가 없다면 선인들과 대화하는 일은 불가능할 것이다. 그렇게 되면 인류사회는 앞선 시대와 단절되어 더 이상의 발전을 기대할 수 없게 된다. 인류가 지금과 같은 고도의 문명사회를 이룩할 수 있었던 것도 언어를 통해 선인들과 끊임없이 대화하며 그들에게서 지혜를 얻고 그들의 훌륭한 정신을 이어받았기 때문이다.

① 문명의 발달은 언어와 더불어 이루어져 왔다.
② 언어는 인간에게 유일한 의사소통의 도구이다.
③ 과거의 문화유산은 남김없이 계승되어야 한다.
④ 문자 언어는 음성 언어보다 우월한 가치를 지닌다.

08 다음 글에서 추론할 수 있는 것을 <보기>에서 모두 고르면?

재즈는 연주자나 감상자에게 똑같이 접근의 자유를 완벽하게 보장한다. 왕도는 존재하지 않으며 정답 또한 없다. 하지만 잘못된 길을 걷는 일은 종종 관찰되는데, 재즈를 들으면서 자신의 감성을 절대적으로 확신하지 못하는 것이 그것이다. 아무리 많은 사람들이 명작 운운하는 곡이라도 자신에게 다가오지 않으면 아무 의미가 없다. 이는 재즈의 매력이 그만큼 다양하기 때문이며, 서로 다른 음악적 환경에서 자라왔기 때문이기도 하다. 물론 오랜 시간 재즈를 듣다 보면 어느 정도 역사적인 시각을 가지게 되며, 많은 이들이 명작이라 일컫는 작품의 가치를 깨달을 기회도 그만큼 많아질 것이다.

1990년대 중반에 미국에서 나온 통계를 보면, 미국 국민의 1인당 평균 국민 소득 이상을 벌어들인 재즈 음악인이 전체 재즈 음악인의 9%에 불과하다고 한다. 결국 나머지 91%의 재즈 음악인은 평균 이하의 경제생활을 한다는 얘기다. 또, 어느 정도 음악적으로 안정기에 접어든 재즈 음악인의 평균 연령이 40대 초반이라는 사실은 어떠한가? 그런 상황에서도 연주에 몰입하는 재즈 음악인이란 우리가 알지 못하는 어떤 가치에 눈을 뜬 것이 아닐까?

사람들은 아직도 재즈라는 단어에서 상류층의 여유 있는 문화생활이나 어두운 클럽 안의 자욱한 담배 연기 같은 퇴폐적 이미지를 떠올린다. 무조건 부정할 수만은 없는 얘기다. 모든 문화 예술이 그러하듯 재즈를 충분히 향유하려면 어느 정도 경제적 여유가 전제되어야 하며, 특히 음악에 빠져들고 싶다는 생각은 기본적인 의식주를 해결한 뒤에나 가능하다고 인식하기 때문이다. 그러나 지금껏 삶의 '빈 공간'을 채우기 위해 재즈를 듣는 이들은 거의 만나지 못했다. 오히려 오랫동안 재즈에 빠져 허우적대는 마니아일수록 경제적 상황과는 상관없이 음악에 몰두하는 모습을 자주 보았다. 재즈는 가까이 갈수록 멀어지지만, 한편으로는 강한 중독성으로 사람들을 끌어들인다.

〈보 기〉
ㄱ. 일반인들 중에는 재즈에 대해 편견을 가진 사람들이 있다.
ㄴ. 재즈를 제대로 감상하기 위해서는 유명 음악인들의 견해를 심도 있게 소화해야 한다.
ㄷ. 많은 재즈 음악인들이 경제적으로 어려운데도 불구하고 재즈를 연주하는 것은 재즈가 매력적이기 때문이다.

① ㄱ
② ㄱ, ㄷ
③ ㄴ, ㄷ
④ ㄱ, ㄴ, ㄷ

09 (가)~(다)를 전제로 결론을 이끌어 낼 때, 빈칸에 들어갈 말로 가장 적절한 것은?

(가) 어떤 여학생은 채팅을 좋아한다.
(나) 어떤 남학생은 채팅을 좋아한다.
(다) 모든 남학생은 컴퓨터 게임을 좋아한다.
따라서 ▢

① 모든 남학생은 채팅을 싫어한다.
② 어떤 여학생은 컴퓨터 게임을 좋아한다.
③ 어떤 여학생은 채팅과 컴퓨터 게임을 모두 좋아한다.
④ 어떤 남학생은 채팅과 컴퓨터 게임을 모두 좋아한다.

10 〈보기〉를 참고할 때, ㉠의 함축적 의미로 가장 적절한 것은?

스포츠 경기를 보면 대부분 경기는 우세한 쪽과 열세인 쪽으로 나뉜다. 특별히 응원하는 선수가 없던 관중의 경우, 경기가 시작될 때는 어느 쪽도 응원하지 않다가 경기 막바지에 이르면 크게 두 부류로 나누어진다. 첫째 부류는 이기고 있는 편을 응원하고, 둘째 부류는 지고 있는 편을 응원한다. 경기의 상황과 관중의 성향에 따라 다르기는 하지만, 이때 이기는 팀을 응원하는 관중이 지는 팀을 응원하는 관중보다 대략 6 : 4 정도로 더 많다고 한다. 이러한 현상은 선거에서도 그대로 나타나는데, 선거 막판까지 존재하던 부동층이 1위를 하는 후보와 2위를 하는 후보를 대략 6 : 4 정도로 지지하게 된다고 한다.
이를 ㉠ 꽃가루 효과라고 한다. 여론 조사가 실질적인 영향력은 없지만 스포츠 경기 도중의 점수 같은 역할을 하기 때문에, 선거 막판에 이르면 지지하는 후보를 결정하지 못한 유권자들을 한쪽으로 몰아가게 된다는 것이다. 그래서 후보들은 유권자들의 이러한 비합리적 선택을 기대하면서 아주 조금의 차이라도 여론 조사 결과 1위를 하기 위해 노력하고, 그 결과에 일희일비한다.

───────〈보 기〉───────

이번 여론 조사에서는 A후보의 지지율 상승이 가장 눈에 띈다. 그동안 거의 모든 조사에서 B후보에게 밀렸던 A후보가 이번 조사에서는 B후보를 추월했다. 이는 A후보가 지난 주말 치러진 지역 경선에서 1위를 차지한 데 따른 이른바 '꽃가루 효과'로 분석된다. '꽃가루 효과'란 경선에서 1위를 차지한 승자에게 종이 꽃가루 세례가 쏟아지면서 지지율이 치솟는 현상을 정치권에서 비유적으로 일컫는 말이다.

① 관심의 집중
② 권리의 포기
③ 권력에 대한 아첨
④ 인품에 대한 존경

약점 보완 해설집 p.26

01 다음 빈칸에 들어갈 말로 가장 적절한 것은?

> 조선의 초상화는 인물의 형(形)과 영(影)을 형상화한 회화라고 할 수 있다. 여기서 형은 인물의 외적 모습을, 영은 인물의 내면을 가리킨다. 그러므로 조선의 초상화에서는 ☐☐☐ 화면에 충실히 표현해 내는 것이 중요한 문제가 되었다. 무형의 영을 어떻게 화면에 담아내느냐가 창작의 관건이 된 것이다.

① 인물의 겉모습만을

② 인물의 겉모습이 아닌 인물의 내면을

③ 인물의 내면이 아닌 인물의 겉모습을

④ 인물의 겉모습뿐 아니라 보이지 않는 인물의 내면까지

02 다음 글을 통해 알 수 있는 내용이 아닌 것은?

> 적도 해역에는 무역풍의 영향으로 발달하는 적도 해류가 동에서 서로 흐른다. 이 해류에 의해 동태평양의 물이 서태평양으로 이동하는데, 이 해류는 적도 바로 남쪽에 위치하며 1초에 약 50~60cm씩 이동한다. 이에 따라 필리핀 부근의 서태평양에는 따뜻한 바닷물이 모이게 되어 수위와 해수면 온도가 동태평양에 비해 상대적으로 높게 된다. 반면 동태평양에서는 따뜻해진 표층의 바닷물이 서쪽으로 이동해 간 자리를 메우기 위해 심층으로부터 차고 영양이 풍부한 해수가 올라오게 된다. 남미의 페루 연안이 세계적 어장이 될 수 있는 것도 이러한 용승류 때문이다.
>
> 그런데 무역풍이 약화되면 서쪽으로 이동했던 따뜻한 해수가 동쪽으로 밀려가는데, 이것을 엘니뇨 해류라 한다. 엘니뇨란 스페인어로 '남자아이', 또는 '아기 예수'를 뜻하는데, 남미의 페루나 에콰도르에서 바닷물의 온도가 올라가는 현상으로 크리스마스 경에 나타나 수개월 지속된다. 전문적으로 말해 엘니뇨는 태평양 동부 적도 해역의 월평균 해수면 온도가 약 6개월 이상 계속해서 +0.5℃ 이상이 되는 것을 말한다. 엘니뇨는 평균 4년에 1회 정도 발생하는데, 엘니뇨가 진행되던 중 어떤 원인으로 인해 적도 해역의 무역풍이 강해지거나 또는 동태평양의 해수면 수온이 내려가면 엘니뇨는 종식된다.

① 엘니뇨의 어원

② 엘니뇨가 발생하는 이유

③ 엘니뇨를 예방할 수 있는 방안

④ 엘니뇨가 발생하는 대략적인 주기

03 (가)와 (나)를 전제로 할 때 빈칸에 들어갈 결론으로 가장 적절한 것은?

> (가) 저녁에 커피를 마시면 불면증을 겪는다.
> (나) 생과일주스를 좋아하면 불면증을 겪지 않는다.
> 따라서 ▢▢▢▢▢▢▢▢▢▢▢▢▢▢▢▢▢▢▢▢

① 불면증을 겪지 않으면 저녁에 커피를 마신다.

② 생과일주스를 좋아하면 저녁에 커피를 마신다.

③ 생과일주스를 좋아하지 않으면 불면증을 겪는다.

④ 저녁에 커피를 마시면 생과일주스를 좋아하지 않는다.

04 ㉠과 ㉡에 대한 이해로 적절하지 않은 것은?

2010학년도 11월 고1 전국연합학력평가 변형

> 다문화 모형은 다시 문화다원주의와 다문화주의로 나눌 수 있다. 문화다원주의와 다문화주의는 다양성을 인정하고 사회적 통합을 추구한다는 점에서는 유사하다. 그러나 ㉠ 문화다원주의는 주류 사회가 존재함을 분명히 하면서 문화의 다양성과 다원성을 인정하는 정도의 소극적인 다문화 모형이다. 이에 비해 보다 발달된 개념인 ㉡ 다문화주의는 주류 사회의 중요성을 부각하기보다는 다양한 문화가 평등하게 인정되어야 함을 강조한다. 주류 사회 안에서 외국인과 이민자의 문화를 인정한다는 점에서 문화다원주의는 매력적으로 보일 수 있다. 그러나 '단일 민족 국가'라는 인식이 강하게 작용하는 한국 사회에서 외국인과 이민자에 대한 차별적 태도와 이중적 기준 적용의 문제를 해소하고 조화와 소통을 지향하기 위해서 한국 사회는 다문화주의라는 목표를 지향해야 할 것이다.

① ㉠은 ㉡에 비해 다양한 문화적 가치들을 공유할 것을 강조한다.

② ㉠은 ㉡과 달리 주류 문화의 중요성을 부각하는 정책을 고수한다.

③ ㉡은 ㉠과 달리 주류 사회와 외국인이나 이민자들 간의 대등한 관계를 중시한다.

④ ㉡은 ㉠에 비해 외국인이나 이민자들의 고유 문화를 유지하도록 하는 데 적극적이다.

05 (가)~(다)를 맥락에 맞게 순서대로 나열한 것은?

> 순자는 '인간은 태어나면서부터 이익을 추구하며, 어떤 윤리적 지식이나 믿음도 선천적으로는 형성될 수 없다.'라고 보았다.
>
> > (가) 따라서 그는 인간을 교육에 의해서만 수동적으로 도덕적 행위를 하는 존재로 보지 않고, 스스로 도덕적으로 옳은 행위를 선택하고 수행할 수 있는 존재라고 생각했다.
> > (나) 이와 달리 정약용은 인간이 선을 좋아하고 악을 부끄럽게 여기는 성(性)을 하늘로부터 선천적으로 부여받았다고 보았다.
> > (다) 따라서 이익 동기를 극복할 수 있는 강한 도덕적 동기를 갖게 하기 위해서는 인위적인 도덕 교육이 필요하다고 보았다.

① (가) - (다) - (나)

② (나) - (가) - (다)

③ (나) - (다) - (가)

④ (다) - (나) - (가)

06 빈칸에 들어갈 전제로 가장 적절한 것은?

> (가) 경찰에 잡히지 않으면 도둑질을 하지 않은 것이다.
> (나) ▢▢▢▢▢▢▢▢▢▢▢▢▢▢▢▢▢▢▢▢
> 따라서 감옥에 안 가면 도둑질을 하지 않은 것이다.

① 도둑질을 하면 감옥에 간다.

② 감옥에 가면 도둑질을 한다.

③ 경찰에 잡히면 감옥에 간다.

④ 도둑질을 하면 경찰에 잡힌다.

07 ⊙의 중심 내용을 추론한 것으로 가장 적절한 것은?

사막의 개미 떼들은 예측 불가능한 환경에 살면서도 매일 아침 일꾼들을 갖가지 업무에 몇 마리씩 할당해야 할지 확실히 알고 있다. 또한 북극 지방을 이주하는 엄청난 규모의 순록 무리도 개체 대부분이 어디로 향하고 있는지 정확한 정보를 갖고 있지 않으면서도 틀림없이 번식지에 도착한다. 이런 무리들은 분명 '영리한 무리'이다. ⊙ 피터 밀러가 지은 '영리한 무리'는 바로 이런 동물의 무리와 인류가 공통의 문제를 안고 있다는 이론을 대담하게 전개한 책이다.

그런데 그가 지적하고자 하는 것은 동물의 무리가 늘 현명하게 의사 결정을 하는 것은 아니라는 것이다. 북아프리카와 인도에 사는 사막메뚜기는 대부분의 시기에는 평화롭게 지내는 양순한 곤충이지만 갑자기 공격적으로 바뀌면 대륙 전체를 말 그대로 초토화할 정도이다. 2004년 서아프리카를 습격한 사막메뚜기 떼는 농경지를 쑥대밭으로 만들고 이스라엘과 포르투갈에서는 수백만 명을 기아로 내몰았던 적이 있다.

사람도 사막메뚜기 떼처럼 엉뚱한 의사 결정을 한 사례가 적지 않다. 1630년대에 네덜란드를 휩쓴 튤립 광풍은 역사상 가장 유명한 투기거품이다. 1636년 튤립 알뿌리 하나를 살 돈이면 암소 4마리를 살 수 있을 정도였다. 목수의 연봉보다 무려 20배나 더 비쌌던 셈이다. 그러나 1637년 거품이 붕괴하자, 목수의 연봉보다 20배나 더 비쌌던 튤립 알뿌리는 쓸모없는 것이 되었다.

① 집단이 의사 결정을 잘못 할 경우 파괴적인 결과를 초래할 수 있다.
② 개인의 힘이 미약한 집단일수록 그 개인이 모인 집단의 힘은 더 강하다.
③ 개인은 혼자 있을 때는 매우 영리하나, 집단에 속할 때는 어리석은 행위를 한다.
④ 개인은 도덕적인 행동을 하나, 집단에 속해 있을 때에는 비도덕적인 행동을 하기도 한다.

08 다음 글에 대한 적절한 이해를 <보기>에서 모두 고르면?

민법이란 사적 생활 관계인 재산 관계와 가족 관계에서 생기는 권리와 의무를 규정한 법이다. 민법은 사적 자치의 원칙과 소유권 절대의 원칙, 과실 책임의 원칙을 따른다. 사적 자치의 원칙은 개인이 법률관계를 맺을 때 온전히 자신의 자유로운 의사를 따르도록 하는 것이고, 소유권 절대의 원칙은 개인이 가진 재산에 대해 어느 누구도 함부로 간섭할 수 없다는 것이다. 마지막으로 과실 책임의 원칙은 개인이 자신의 행위의 모든 결과에 대해 책임을 져야 하는 것이 아니라, 자신의 과실이나 고의로 타인에게 손해를 끼친 경우에 한해서만 손해에 대한 책임을 진다는 것이다.

사적 자치의 원칙이 지배하는 민법은 개인의 의사를 중요시하지만, 그중 합리적으로 형성된 의사만 법적으로 인정한다. 그래서 나온 개념이 의사 능력이다. 의사 능력이란 자기 행위의 의미나 결과를 정상적인 인식 능력으로 판단하여 이에 따라 의사 결정을 할 수 있는 능력을 말한다. 대부분의 사람은 의사능력자로 추정되지만, 정신 이상자, 어린아이 등은 의사 능력이 없다고 간주된다. 민법은 이러한 의사 무능력자를 보호하기 위해 의사 능력이 없는 상태에서 이루어진 법률 행위의 법적 효력을 인정하지 않는다.

〈보 기〉
ㄱ. 민법에서는 의사무능력자의 법률 행위에 한해 법적 효력을 일부 제한하고 있다.
ㄴ. 민법에서 개인은 원칙적으로 자유로운 의사에 따라 법률관계를 형성할 수 있다.
ㄷ. 민법의 과실 책임 원칙에 따르면 개인은 고의나 과실이 없었다면 자신의 행위로 인해 타인에게 미친 결과에 대해 책임을 지지 않아도 된다.

① ㄱ, ㄴ
② ㄱ, ㄷ
③ ㄴ, ㄷ
④ ㄱ, ㄴ, ㄷ

09 (가)의 관점에서 (나)를 비판하는 글을 쓰려고 한다. 글에 담길 주장으로 가장 적절한 것은?

> (가) 장애인 또한 우리 사회를 구성하는 일원이라는 점은 틀림없으며, 그들에 대한 사회적 배려가 요구된다는 점 또한 이의를 제기할 수 없다. 하지만 그러한 사회적 배려는 사회 구성원들의 인식을 개선하는 차원에 그쳐서는 안 되며, 장애인 스스로 직무 면에서 경쟁력을 가질 수 있도록 지원하는 제도의 마련까지 이어져야 한다.
>
> (나) '의무 고용'이라는 명칭 때문일까, 장애인이 직업을 갖고 우리 사회 구성원으로서 참여할 수 있는 기회를 갖도록 지원하는 것에 대해 부정적인 시선이 있다. 일정 규모 이상의 사업자에게 일정 비율 이상의 장애인을 고용하도록 의무를 부과하고 이를 이행하지 않으면 부담금을 내도록 하고 장애인 의무 고용률을 초과한 사업자에게는 고용 장려금을 지급하고 있다. 이를 통해 비장애인에 비해 고용상 취약계층이라고 할 수 있는 장애인의 고용기회를 넓히는 것을 목적으로 한다.
>
>   이러한 취지를 고려할 때, 장애인 의무 고용 제도는 건강한 사회를 위해서 꼭 있어야 하는 법적 규제라 할 수 있다. 개인적 차원에서는 장애인들로 하여금 사회 구성원으로서의 보람과 긍지를 느낄 수 있게 하고, 국가적 차원에서는 사장되고 있는 장애인의 노동력을 활용하는 효과를 낼 수 있다. 물론 장애인의 의무 고용이 개별 기업에 부담을 지우는 것이라는 비판도 가능하지만, 국가에서 비용의 일부를 고용 장려금 형태로 보조하고 있다는 점에서 기업이 일방적으로 부담을 갖는다는 주장은 타당하지 않다.
>
>   '의무 고용'이라는 명칭에서 제도에 대한 부정적인 인식을 가질 수도 있다. 하지만 우리 사회를 구성하는 일원인 장애인에 대한 배려를 담은 법적 제도가 필요할 만큼 그들에 대한 사회적 배려가 부족했던 것은 아닌지 이 제도에 반대하는 이들은 돌아보길 바란다. 장애인에 대한 인식을 되돌아보고, 그 오해나 편견을 거둘 필요가 있다.

① 장애인들의 직업 경력을 위해 장애인을 대상으로 한 아르바이트 기회가 많이 제공되어야 한다.

② 사회적 경험 없이 자아를 실현하기는 어려우므로 장애인의 사회 진출에 대한 부정적인 인식을 거두어야 한다.

③ 장애인들의 직무 능력 향상 기회를 박탈할 수 있으므로 장애인의 특성을 고려하지 않은 획일적인 근무 환경 개선은 지양되어야 한다.

④ 사회적 차원의 장애 인식 개선 교육이 요구되며, 직업 능력 개발 센터와 같이 장애인이 직무 능력을 기를 수 있도록 돕는 제도의 도입도 필요하다.

10 다음 글을 이해한 내용으로 적절하지 않은 것은?

선박이 외부로부터 받는 저항은 선박의 운항 성능을 약화시키는 주요한 요인이다. 선박이 받는 저항 중에는 선박이 진행하면서 일으키는 파도가 선체에 미치는 힘을 말하는 조파 저항이 있는데, 선박이 저속으로 운항할 때는 전체의 저항에서 조파 저항이 차지하는 비율이 20% 정도에 불과하지만, 고속으로 운항할 때는 40~50%에 육박할 정도로 선박에 큰 영향을 미친다. 따라서 고속 운항을 위해서는 조파 저항을 줄이는 것이 무엇보다 필요하다.

그렇다면 조파 저항을 줄일 수 있는 선박으로는 어떤 것들이 있을까? 선체를 수면 위로 부양시켜 파도로부터의 저항을 최소화하는 수중익선이 있다. 일반적으로 선박은 선박의 중량과 같은 크기의 부력에 의해 균형을 이뤄 물에 뜨게 된다. 그런데 선체를 수면 위로 부양시키는 경우에는 양력 등이 작용해야 한다. 이를 위해 수중익선의 선체 밑에는 비행기의 날개와 유사한 날개가 부착되어 있다. 이 날개의 단면을 보면, 아랫부분은 평평하고 윗부분은 유선형으로 되어 있어서 선체 쪽을 향하는 윗부분의 유체의 흐름이 아래보다 상대적으로 빠르다. 유체의 속도와 압력은 반비례한다는 베르누이의 원리에 의해 날개의 아랫부분은 압력이 높고, 날개의 윗부분은 압력이 낮다. 이때 양력이 발생하는데, 양력은 압력이 높은 곳에서 낮은 곳으로 발생하므로 선체를 부양하는 방향으로 힘이 작용하는 것이다. 수중익선에 작용하는 양력은 날개뿐만이 아니라 배의 모양에 의해서도 증가할 수 있는데, 대표적인 방법은 배를 활주선의 형태로 만드는 것이다. 배의 밑바닥을 둥근 형태가 아니라 'V' 자에 가까운 형태로 제작함으로써 선체에 작용하는 양력을 증가시킬 수 있다.

① 수중익선은 날개의 위쪽과 아래쪽 단면의 모양이 다르다.
② 선박의 속도가 빨라질수록 조파 저항의 영향을 많이 받는다.
③ 수중익선은 선체를 부양시키는 방법으로 조파 저항을 줄인다.
④ 선박의 중량과 부력이 동일해지면 선박은 수면 위로 부양한다.

약점 보완 해설집 p.28

01 다음 글의 중심 내용으로 가장 적절한 것은?

2004학년도 4월 고3 전국연합학력평가 변형

그림에도 조예가 깊던 시인이자 소설가 이상(李箱)은 '삼국 시대 고분에서 그때 사람들이 콩나물 담아 먹고 밥 말아 먹던 그릇 몇 개 나왔다고 그렇게 호들갑을 떨 이유가 무엇인지 모르겠다'고 밝힌 적이 있다.

얼핏 보기에 이상의 말은 우리 고미술품을 폄하한 것처럼 느껴지지만, 생각해보면 우리가 대단한 미술품이라고 하는 것 중엔 옛 사람들이 일상생활에 쓰던 것, 그 때 사람들에겐 별로 대단할 것 없는 물건도 있다는 것을 알게 된다. 그렇다면 지금 우리도, 후손들이 대단한 예술품으로 받들어 모실 물건 속에 있으면서 그걸 모르고 사는 건 아닐까?

이런 생각으로 주변을 둘러보면 우리가 늘 쓰는 물건과 사는 환경이 어떤 식으로든 미술과 관계되어 있다는 걸 쉽게 알 수 있다. 밥숟가락, 옷, 가구, 자동차, 건물 등, 그 모든 것이 빼어난 미술품이라고 하기는 힘들지만 어쨌든 미술과 관계없는 것은 없다. '미술'은 공기처럼 우리 주위에 가득 들어 차 있는 것이다.

그런데도 사람들은 미술 혹은 미술 작품이 보통 사람들과는 아무런 관계가 없으며, 특별한 사람들만 미술이 주는 즐거움을 누리는 것으로 생각한다. 거기다 미술품이란 그저 미술관이나 박물관 속에 들어앉아 밖으로 나오지 않는 신성한 것이라 그걸 만나려면 미술관이나 박물관으로 직접 찾아가야만 한다고 생각한다. 사실 걸작, 명작으로 알려진 미술품들은 대부분 미술관에 모셔져 있기 때문이다.

그러나 절대 다수의 미술품들은 오히려 미술관 밖에 있다는 게 나의 생각이다. 뿐만 아니라 미술관에 있는 위대한 걸작들도 어떤 식으로든지 우리 생활 속에 파고들어와 있다. 그런데도 우리가 그것을 모르고 있거나 그냥 지나치는 것은 미술이 우리와 너무 밀착되어서 미처 알아채지 못하기 때문이 아닐까 한다.

① 미술품은 시대적 상황을 반영한다.

② 미술품은 우리 생활과 밀착되어 있다.

③ 미술품은 우리를 정서적으로 안정시킨다.

④ 미술품은 오랜 세월을 거치면서 평가받는다.

02 빈칸에 들어갈 전제로 가장 적절한 것은?

전제 1. 방 청소를 자주 하는 사람은 하루에 양치를 네 번 이상 하지 않는다.

전제 2. _____

따라서 일주일에 여섯 번 이상 쇼핑을 하는 사람은 방 청소를 자주 하지 않는다.

① 방 청소를 자주 하지 않는 사람은 일주일에 여섯 번 이상 쇼핑을 한다.

② 하루에 양치를 네 번 이상 하지 않는 사람은 방 청소를 자주 하지 않는다.

③ 하루에 양치를 네 번 이상 하지 않는 사람은 일주일에 여섯 번 이상 쇼핑을 하지 않는다.

④ 일주일에 여섯 번 이상 쇼핑을 하지 않는 사람은 하루에 양치를 네 번 이상 하지 않는다.

03 다음 글의 빈칸에 들어갈 말로 적절하지 않은 것은?

비가 많이 내리면 습도가 높아진다. 겨울보다 여름에 비가 더 많이 내린다. 습도가 높으면 먼지가 잘 나지 않는다. 습도가 높으면 정전기가 잘 일어나지 않는다. 따라서 _____

① 겨울은 여름보다 습도가 낮다.

② 먼지는 여름이 겨울보다 더 잘 난다.

③ 정전기가 잘 일어나면 비가 적게 온 것이다.

④ 여름에는 겨울보다 정전기가 잘 일어나지 않는다.

04 다음 글의 ㉠을 강화하는 것만을 <보기>에서 모두 고르면?

　　생명체가 모두 치열한 무한 경쟁의 조건 속에서 끝없이 앞서 나가기 위해 아등바등하지 않는다는 주장도 있다. 린 마굴리스가 주장한 공생 이론에 따르면 생명체의 진화를 추동한 원동력은 경쟁보다는 ㉠공생(共生)이라고 이야기한다. 생명체는 서로를 죽이거나 도태시키기 위해서가 아니라, 서로서로 자신이 넘치는 것은 나눠 주고 모자라는 것은 받아들이는 관계 속에서 평화롭게 공존하는 가운데 발전해 왔다는 것이다. 이 경우에는 서로가 급격히 변할 필요가 없기 때문에 서로 조금씩 양보해서 천천히 진화하며 공존한다는 것이다. 그 대표적인 예가 지의류(地衣類)이다. 조류(藻類)와 균류(菌類)의 공생체인 지의류는 균류가 수분을 흡수하고, 조류가 광합성을 통해 영양분을 만들어 공존한다. 원래 기생 생물인 균류는 조류에게서 양분을 제공받지만, 이는 일방적인 관계가 아니라 조류에게 수분을 제공하여 조류가 물속이 아닌 바위틈이나 메마른 절벽에서도 살아갈 수 있는 서식의 자유를 보장해 준다. 지의류는 이제 따로 떼어 놓으면 자체적으로 살아갈 능력을 잃을 정도로 완벽한 일심동체(一心同體)의 궁합을 자랑한다.

〈보 기〉

ㄱ. 산호초의 선명한 색깔은 산호 자체의 색이 아니라 산호의 몸속에 공생하는 갈충조의 색이다. 갈충조는 광합성으로 만든 영양분을 산호초에게 제공하고, 대신 산호로부터 생활의 터전을 제공받는다.

ㄴ. 뻐꾸기는 둥지를 틀지 않고 뱁새의 둥지에 자신의 알을 넣어 뱁새로 하여금 기르게 한다. 뱁새의 알과 비슷한 뻐꾸기의 알일수록 생존 확률이 높아지고, 뻐꾸기의 알과 차별이 되는 알을 낳는 뱁새 일수록 기생을 당할 가능성이 적다.

ㄷ. 시력이 거의 없는 새우를 포식자가 잡아먹으려고 다가오면, 고비물고기는 꼬리로 새우를 건드려 위험 신호를 보내고 새우가 모래에 파둔 구멍으로 고비물고기와 함께 재빨리 피한다. 몸집이 작아 스스로 구멍을 팔 수 없는 고비물고기는 파수꾼 역할을 하면서 은신처를 제공받는다.

① ㄱ, ㄴ　　　　② ㄱ, ㄷ
③ ㄴ, ㄷ　　　　④ ㄱ, ㄴ, ㄷ

05 다음 글에 대해 적절한 것만을 <보기>에서 모두 고르면?

　　프로펠러는 기계적인 회전 운동을 이용해서 물이나 공기를 밀어 주는 역할을 하는 장치이다. 헬리콥터 위쪽에 달린 프로펠러나 배의 밑 부분에 달린 스크루 장치, 선풍기의 날개 등은 모두 프로펠러의 일종이다. 선풍기 날개를 생각해 보자. 선풍기 날개가 빙글빙글 돌면 우리는 그 앞에서 시원한 바람을 쐴 수 있다. 이는 선풍기의 회전 운동이 공기를 앞으로 밀어 주어 바람을 만들기 때문이다. 배에 설치된 프로펠러도 마찬가지로 회전을 하면서 물을 밀어낸다.

〈보 기〉

ㄱ. 다양한 사례를 통해 대상에 대한 이해를 돕는다.

ㄴ. 대상의 특징을 설명할 때 대상의 장단점을 제시한다.

ㄷ. 개념 정의를 통해 설명하려는 대상을 명확하게 규정한다.

① ㄱ　　　　　　② ㄱ, ㄷ
③ ㄴ, ㄷ　　　　④ ㄱ, ㄴ, ㄷ

06 (가)~(다)를 맥락에 맞게 순서대로 나열한 것은?

　　개인 또는 집단은 목표의 달성이나 그 목표의 수행 방식에서 많은 경우에 차이점을 보인다.

(가) 협상은 이해관계에 있는 당사자들이 차이를 해결하기 위해 토의하는 과정이다.

(나) 이런 차이는 개인, 집단 혹은 사회 전체에 갈등을 유발하는 원인이 될 수 있으므로 해결할 필요가 있으며 그 해결 방법 중 하나가 협상이다.

(다) 또 협상은 협상을 통해 얻을 수 있는 이익을 협상 당사자가 어떤 관점에서 바라보느냐에 따라 그 형태가 달라질 수 있다.

① (가)-(나)-(다)
② (가)-(다)-(나)
③ (나)-(가)-(다)
④ (나)-(다)-(가)

홉스는 인간의 천성이 이기적이고 악하다는 사실을 전제로 '자연 상태', 곧 어떤 시민 국가나 법의 지배 이전 상태의 인간의 모습을 상상했다. 홉스는 자연 상태에서는 재화가 일반적으로 희소할 것이라고 가정한다. 그와 같은 상태에서 각자는 다른 모든 사람의 적이 된다. 로크도 '자연 상태'를 논하지만, 그에게 자연 상태란 우리 모두가 신의 피조물인 덕분에 타고나는 도덕적 상태였다. 홉스는 의도적으로 정치 이론에서 신을 배제했는데 로크는 자신의 정치 이론의 밑바탕을 종교적 믿음에 두었다. 로크에 의하면 자연 상태는 신에 의해 재화가 풍족하게 주어진 상태다. 이러한 차이가 두 철학자의 서로 다른 '사회계약설'로 이어졌다.

홉스에 의하면 타인에 대한 폭력 사용은 자신의 생존에 이익이 된다고 느낄 경우 정당화된다. 그러나 불행히도 타인도 똑같은 정당성을 가진다. 자신과 타인이 폭력을 사용하지 말자고 계약할 수 있으나 이 계약은 조건부 계약에 불과하다. 왜냐하면 인간은 이기적인 본성을 지니므로 계약을 깨는 것이 자신에게 이익이라고 생각되면 언제든지 깨뜨릴 것이기 때문이다. 이런 문제를 해결하기 위해 계약의 또 다른 단계가 필요하다. 시민들은 자신들의 주권에 대한 권리를 상호 합의된 대리인에게 양도하는 데 동의해야 한다. 이 대리인은 이제 시민들에 대해 절대적인 정치적 권위를 지닌다. 절대 권력의 대가로 이 대리인은 평화 상태를 조성해 줄 법률의 제정을 약속한다. 홉스의 정치 이론에서 정당한 혁명은 있을 수 없다. 왜냐하면 정당성은 법에 의해 결정되며 대리인은 사회 계약에 의해 법을 만들 수 있는 권위를 부여받았기 때문이다.

반면 로크의 이론에는 정당한 혁명이 존재한다. 로크에 의하면 대리인에 의해 통치되는 국가의 기능은 시민들의 도덕적 상태를 보장해주는 것이다. 이런 의미에서 국가는 잠재적으로 자연 상태보다 우월하다. 왜냐하면 자연 상태는 공정한 재판관, 정확한 법률, 도덕률을 뒷받침하는 충분한 권력 등을 갖추지 못했기 때문이다. 국가의 정당성은 시민의 동의에 기반한다. 시민들은 정치적 권위가 자신들의 자연적 권리를 보호하기 위해 필요한 모든 일을 할 것이라는 단서를 붙일 때만 그 정치적 권위에 복종하는 데 동의한다. 이것이 로크의 사회 계약이다. 따라서 국가가 시민들의 생명과 건강, 자유, 소유의 권리를 지켜주지 못할 뿐만 아니라 오히려 그러한 권리의 침해자가 된다면 혁명은 정당한 것이 된다.

─────────〈보 기〉─────────

(가) 군주제는 신이 명령하는 것이며 왕은 신에게만 책임이 있다. 따라서 왕이 사악(邪惡)할지라도 국민이 이것을 비판할 권리는 갖지 못한다. 즉 왕의 법에 따라서 심판을 받게 되어 있는 국민은 왕의 심판관이 될 수 없다.

(나) 시민들은 선천적으로 선하게 태어나며, 시민들이 지닌 주권은 양도 불가능하다. 시민의 대리인들은 따라서 대표가 아니고 대표일 수도 없다. 시민이 직접 비준하지 않은 모든 법은 무효이며, 사실상 법이 아니다.

① '홉스'는 혁명을 인정하지 않았다는 점에서는 (가)의 견해에 동의할 것이다.

② '홉스'는 대리인의 권한을 중시했다는 점에서는 (나)의 견해에 동의할 것이다.

③ '홉스'는 인간의 천성이 악하다고 본 점에서는 (나)의 견해에 동의하지 않을 것이다.

④ '로크'는 시민이 법을 무효화할 수 있다고 봤다는 점에서는 (나)의 견해에 동의할 것이다.

08 다음 글에서 추론한 내용으로 적절하지 않은 것은?

엄청난 확산 속도로 인해 인간에게 공포와 피해를 주는 구제역이나 조류인플루엔자를 발병시키는 것은 '바이러스'이다. 흔히 바이러스와 박테리아를 혼동하는 경우가 있는데, 이 둘은 엄연히 다른 것이다. 세균이라고도 불리는 '박테리아'는 스스로 생명 활동을 하는 데 필요한 모든 기관을 갖고 있는 엄연한 생물이다.

하지만 바이러스는 엄밀히 말해 생물도 아니고, 무생물도 아닌 작은 입자이다. 생물이 아니라고 하는 것은 스스로 생명 활동을 할 수 없기 때문이다. 유전 물질과 단백질만으로 이루어져 있기 때문에 반드시 숙주가 되는 다른 생물체에 들어가 자신의 유전자를 복제해야만 한다. 숙주를 찾을 때까지 바이러스는 생명 활동을 하지 않는 무생물로 떠돌아다닌다. 그렇다고 바이러스를 완전히 무생물이라고 할 수도 없다. 숙주를 만나면 숙주의 세포 속으로 들어가 자신의 유전자를 복제하여 증식을 하는 생명 활동을 하기 때문이다. 즉, 환경이 불리할 때는 무생물처럼 있다가 살아가기 유리한 환경이 되면 생명 활동을 하는 존재가 바로 바이러스이다.

바이러스는 단백질로 만들어진 껍질이 RNA나 DNA 같은 유전 물질을 둘러싼 형태로 이루어져 있다. 바이러스 껍질에는 숙주 세포를 인식하는 표식 같은 돌기가 달려 있는데, 이를 '헤마글루티닌'이라고 한다. 또 바이러스 껍질에는 숙주 세포 안에서 번식한 뒤 숙주 세포를 뚫고 밖으로 나올 수 있게 하는 가위 역할을 하는 단백질도 있는데, 이를 '뉴라미니다아제'라고 한다.

바이러스는 자신에게 딱 맞는 숙주를 골라 효율적으로 유전자를 복제할 수 있는데, 이는 바이러스가 지닌 '숙주 특이성' 때문이다. '숙주 특이성'은 바이러스에 따라 인식할 수 있는 숙주의 단백질이 정해져 있는 것을 의미한다. 그런데 바이러스의 이러한 성질은 감염성 질병이 다른 종에게 전염되는 것을 막는 역할을 하게 된다. 예를 들면 구제역 바이러스는 소나 돼지처럼 발굽이 2개로 갈라진 우제류의 세포 표면에만 달라붙는데, 이는 구제역 바이러스 표면의 돌기가 우제류 세포 표면의 단백질만을 인식해 달라붙을 수 있기 때문이다. 따라서 세포 표면 단백질 구조가 우제류와 다른 사람의 경우는 구제역에 감염될 가능성이 거의 없다고 볼 수 있다. 하지만 닭이나 오리 등의 조류를 감염시키는 조류인플루엔자 바이러스처럼 변화무쌍한 변이를 통해 숙

주 특이성을 뛰어넘는 경우도 일어나고 있기 때문에 이에 대한 연구가 필요하다.

① 박테리아는 생명 활동을 할 수 있는 기관을 가지고 있다.
② 바이러스는 숙주 세포 안에서 번식이 끝나면 스스로 사멸한다.
③ 구제역 바이러스는 숙주 특이성으로 인해 주로 우제류를 감염시킨다.
④ 생물과 무생물을 구분하는 기준은 생명 활동을 할 수 있느냐의 여부이다.

09 ⊙과 ⓒ에 대한 이해로 가장 적절한 것은?

⊙ 칸트는 놀이에 대한 근대적 시각을 잘 보여준다. 칸트는 인간의 감성적 측면의 상상력과 이성적 측면의 지성은 상이한 인식 능력이지만, 상상력과 지성이 합일을 이룰 때에 인간은 어떤 것을 즐겁게 여기게 된다고 말한다. 칸트에 따르면, 상상력은 무한한 자유를 추구하며 그것을 구속하는 법칙과 원리를 가지지 않는다. 그러므로 상상력에 의해 만들어지는 것은 잡다하고 혼란스럽다. 이에 반해 지성은 범주의 규칙에 따라 활동한다. 지성에 기반하는 것은 범주의 규칙에 부합하는 것이기 때문에 보편적이다. 칸트는 상상력과 지성을 합일시키는 것은 상상력이 지닌 잡다함과 무질서를 지성의 규칙에 일치시킴으로써 보편성을 지니도록 하는 것이며, 이것으로부터 쾌감과 만족감이 도출된다고 말한다. 즉 칸트에게 있어 인간의 놀이는 상이한 인식 능력의 합일을 통해 구현되는 것이다.

ⓒ 실러는 자신의 충동 이론을 통해 놀이가 인간에게 주어지는 강요로부터의 해방이며, 완전한 인간성 실현의 도구라고 설명한다. 실러에 따르면 인간은 두 가지 상이한 충동의 지배를 받는다. 인간의 감각적 본성에서 비롯하여 물질에 직접적으로 관계하며 끊임없이 변화를 지향하게 하는 감각 충동과, 인간의 이성적 본성에서 비롯하여 항상성을 추구하며 필연적이고 영원한 것을 지향하게 하는 형식 충동이 그것이다. 실러에 따르면 감각 충동은 새로운 대상을 갈구하는 반면, 형식 충동은 대상을 범주에 고정함으로써 영원한 형상으로 묶어 놓는다. 이 두 충동은 근본적으로 별개의 것이지만 조화에 이를 수 있는데, 이때의 조화는 두 충동의 합일이 아니라, 각각의 충동이 다른 충동의 영역을 침범하지 않고 균형을 이루게 된 상태를 가리킨다. 두 충동이 조화에 이르면 두 충동의 균형을 이루어야 한다는 강박은 사라지고 인간은 비로소 즐거움을 얻고자 하는 제3의 충동인 놀이 충동을 가지게 된다. 실러가 말하는 놀이는 바로 이 놀이 충동의 실현이며, 이는 완전한 인간성의 실현이다. 또한 실러는 두 충동의 조화에 도달한 인간이 현실적인 존재임을 인식함과 동시에 현실을 벗어난 자유로움을 향유함으로써 놀이의 즐거움이 얻어진다고 말한다.

① ⊙과 ⓒ은 모두 놀이가 사회적 규범을 전수하게 하는 도구로서만 존재하는 것이라고 보았다.

② ⊙과 ⓒ은 모두 놀이가 인간의 이성적 측면과 연관하여 이루어지는 활동이라고 보았다.

③ ⊙은 놀이가 무질서함을 본질로 하는 것이라고 보고, ⓒ은 놀이가 질서를 본질로 하는 것이라고 보았다.

④ ⊙은 놀이가 인간에게 심리적 만족감을 주는 활동이라고 보고, ⓒ은 놀이가 인간의 인지 능력을 증진하는 활동이라고 보았다.

10 빈칸에 들어갈 말로 가장 적절한 것은?

2011학년도 6월 고2 전국연합학력평가 변형

우리 몸의 신체 기관에는 주름진 곳이 상당히 많다. 왜 이렇게 주름이 많은 걸까? 우리 몸에서 주름진 기관과 그곳의 기능을 통해 생각해 보자.

우리 신체의 작은창자에는 '융털'이라는 구조가 발달되어 있다. 이는 창자벽이 돌출하여 주름진 곳이다. 그런데 융털의 총 표면적은 200㎡로 테니스장의 면적과 거의 같고, 사람 몸의 표면적과 비교해 보면 100배가 넘는다. 따라서 융털은 주름을 통해 표면적을 넓힘으로써 소화된 영양분과 접촉 기회를 많이 갖게 되고 결국 더 많은 영양분을 흡수할 수 있게 되는 것이다.

허파 또한 그 표면이 안쪽으로 들어가 주름진 '폐포'라는 기관을 가지고 있다. 폐포는 양쪽 폐에 약 3억 개 정도가 있고 표면적은 약 160㎡이다. 폐포 역시 주름을 통해 공기와의 접촉 면적을 넓힘으로써 외부 공기와 혈액 사이의 기체 교환을 원활하게 하게 된다.

이밖에도 대뇌의 피질 부위, 내장의 각 기관 등 우리 몸에는 주름이 진 부분이 상당히 많다. 이 또한 각 기관이 주름을 통해 [   ]

① 기관의 표면을 부드럽게 감싸서 기관을 보호하기 위한 것이다.

② 면역력을 강화해 외부에서 침투한 병균을 방어하기 위한 것이다.

③ 한정된 표면적을 확장해 기능을 효율적으로 수행하기 위한 것이다.

④ 외부 물질과 효과적으로 접촉해 기관의 크기를 줄이기 위한 것이다.

약점 보완 해설집 p.30

01 (가)~(다)를 전제로 결론을 이끌어 낼 때, 빈칸에 들어갈 말로 가장 적절한 것은?

> (가) 모든 사과는 빨갛거나 둥글다.
> (나) 둥근 모양의 사과는 새콤달콤하다.
> (다) A가 산 사과는 새콤달콤하지 않다.
> 따라서 _____

① A가 산 사과는 둥글다.

② A가 산 사과는 빨갛다.

③ 빨간 사과는 새콤달콤하다.

④ 모든 사과는 새콤달콤하지 않다.

02 ㉠을 이해한 내용으로 적절하지 않은 것은?

> 전통 논리학에서는 ㉠ 정언 삼단 논법의 논리적 오류를 피하기 위해 다음과 같은 주연 조건을 충족해야 한다. 첫째, 정언 삼단 논법에서 매개념은 적어도 대전제와 소전제 중 한 전제에서는 주연되어야 한다. 정언 삼단 논법이란, 정언 명제로 이루어진 대전제, 소전제, 결론으로 이루어진 연역 논증을 의미한다. 삼단 논법을 구성하는 세 개의 정언 명제는 세 개의 개념을 포함하고 있는데, 결론의 술어 개념을 대개념이라 하고, 결론의 주어 개념을 소개념이라 한다. 정언 삼단 논법에서 대전제는 대개념을, 소전제는 소개념을 포함한다. 그리고 결론에는 나타나지 않고 항상 두 전제에만 나타나는 개념을 매개념이라 한다. 만약 매개념이 한 전제에서도 주연되지 않는다면, 결론의 두 개념은 매개념의 다른 부분들과 연관되어 전제에서 결론이 필연적으로 도출되지 않게 된다.
>
> 둘째, 결론에서 주연된 개념은 전제에서도 주연되어야 한다. 한 집합의 모든 원소에 대해 언명하는 것은 일부 원소만 언명하는 것보다 그 집합에 대해 더 많은 것을 주장하는 것이다. 따라서 삼단 논법의 전제에서 주연되어 있지 않은 개념을 결론에서 주연시키면, 그 결론은 전제가 말하는 것보다 더 많은 것을 그 개념에 대해 주장하는 것이 된다. 타당한 논증은 전제가 결론을 논리적으로 함축하는 것이므로, 타당한 논증이 되기 위해서는 결론이 전제가 주장하는 것보다 더 많은 것을 주장해서는 안 된다. 전제에 주연되지 않은 개념이 결론에 주연되어 있는 경우를 부당 주연의 오류라고 말한다.

① 정언 삼단 논법은 세 개의 정언 명제로 구성된 연역 논증이다.

② 정언 삼단 논법은 대개념과 소개념, 매개념을 모두 포함하고 있다.

③ 정언 삼단 논법에서 매개념은 대전제와 결론을 이어 주는 역할을 한다.

④ 정언 삼단 논법에서 대전제와 소전제에 공통적으로 포함된 개념은 매개념이다.

03 다음 글의 중심 내용으로 가장 적절한 것은?

고령화 사회에 대한 우려가 높다. 노동력 감소로 인한 생산성 악화, 연·기금의 파탄, 의료·간병 비용 급상승으로 인한 재정 지출 확대 등 국가 경제의 후퇴에 대한 예언이 난무한다.

그러나 암울한 전망은 동전의 한 면만 바라보는 좁은 시각이다. 동전의 반대쪽은 오히려 우리에게 새로운 기회를 부여하고 있다. 1·2차 베이비부머(Babyboomer·1955~1976년생) 세대의 최고 맏형들은 지금 막 50대에 접어들었다. 예비 고령자층인 셈인데, 이들은 기존 고령자들과는 전혀 다른 성향을 갖고 있다. 기존 고령자들이 검약·소박의 미덕에 보수·비관적인 인생관을 갖고 있는 반면, 베이비부머 고령자들은 합리적, 미래 지향적 성향이 강하다. 숫자도 적지 않다. 현재 전체 인구의 약 38%를 차지한다. 이들은 남은 인생을 여유롭게 즐기고자 하는 욕구로 가득 차 있을 뿐만 아니라, 이를 실현할 재정 능력까지 갖추고 있다. 이들이 은퇴를 본격적으로 시작하는 2010년부터 20여 년간 우리는 1800만 명에 이르는 거대 소비 집단을 맞이하게 될 것이다.

고령층의 증가는 또한 적잖은 고용 창출 효과도 낼 것이다. 고령층이 증가하고 있는 상황에서 자금에 여유가 있고, 과거 회사에서 경영 관리를 경험한 시니어들을 중심으로 고령 창업도 늘고 있다. 일본의 경우, 창업자 중 50대 이상이 차지하는 비중이 1995년 13.9%에서 2005년 30.5%로 배 이상 증가했다.

① 고령화 사회에 대한 견해는 다양하다.
② 고령화 사회는 경제 성장의 당연한 결과이다.
③ 고령화 사회는 재앙이 아니라 축복이 될 수 있다.
④ 고령화 사회를 극복하기 위한 대책을 마련해야 한다.

04 다음 글을 이해한 내용으로 적절하지 않은 것은?

집중을 하지 않고 공부하는 것은 공부가 아니라 시간만 낭비하는 것이다. 무조건 오래 하는 것보다는 짧은 시간이라도 집중력을 갖고 공부하는 것이 효과적이다. 그렇다면 집중력을 높이기 위해서는 어떻게 해야 할까? 집중력을 키우기 위해서는 무엇보다 자기 자신의 의지가 중요하다. 예를 들어 TV, 컴퓨터, 공부방 위치, 친구, 자신의 성격이나 관심 분야 등을 살펴보고 자신이 공부하는 데 필요한 집중력을 방해하는 요인이 무엇인가 찾아내어 이를 해결해 나가는 노력이 필요하다.

이런 노력 외에도 두뇌 활동을 활발하게 하기 위해서는 하루에 6시간 정도의 수면이 필요하다. 피곤하고 졸릴 때 억지로 참는 것보다는 1시간 이내의 짧은 시간 동안 잠을 자고 나서 정신을 집중하여 공부하는 것이 효과적이다. 학습 성과는 몇 시간 동안 공부했느냐의 양보다는 무엇을 얼마나 했느냐의 질이 좌우한다. 그리고 책상 위는 깨끗이 정리하고 꼭 필요한 물건만 올려놓는 것이 좋다.

① 두뇌 활동을 활발히 하기 위해 잘 자고 잘 먹어야 한다.
② 공부는 몇 시간 했느냐의 양보다 얼마나 했느냐의 질이 중요하다.
③ 집중력을 키우기 위해서는 집중을 방해하는 것을 찾아 이를 해결해야 한다.
④ 피곤해서 졸리면 억지로 참는 것보다 짧은 시간 동안이라도 잠을 자는 것이 좋다.

05

⊙~㉢ 중 <보기>가 들어가기에 가장 적절한 곳은?

> ⎡ ㉠ ⎤ 2015년 건강검진을 받은 성인 1,346만 명 중 몸무게(kg)를 키(m)의 제곱으로 나는 체질량지수(BMI)가 25 이상인 비만·고도비만·초고도비만 수검자의 비율은 32.5%로 2006년의 29%보다 증가했다. 특히 같은 기간 남성의 비만율은 34.1%에서 40.1%로 높아져 10년간 21.4~23% 수준을 유지해 온 여성보다 증가폭이 컸다. ⎡ ㉡ ⎤
>
> 소득, 지역 등 계층 간의 비만율 격차도 눈에 띄었다. 소득과 재산을 반영한 건강보험료 분위와 비만율을 대조해 보면, 저소득층에 해당하는 1분위는 모든 계층을 통틀어 고도비만율(BMI 30~35)이 4.8%로 가장 높았던 반면 고소득층인 17~19분위는 2.3%였다. 초고도비만율(BMI 35 이상)도 유사한 패턴을 보였다. ⎡ ㉢ ⎤
>
> 세계 곳곳에선 비만에 악영향을 미치는 설탕 등 당류나 탄산음료에 물리는 '비만세'를 도입하고 있다. 고열량 식품의 소비를 줄이고 거둔 세금은 비만 퇴치 정책에 활용한다는 취지이다. 이런 극약처방으로 비만과의 전쟁에 나선 선진국들과 달리 국내 비만 정책은 컨트롤타워 없이 중구난방으로 진행되고 있다. ⎡ ㉣ ⎤

───────〈보 기〉───────

> 직장 가입자의 경우 직장의 규모가 작을수록 비만율이 높았고, 지역별로는 제주(36.1%), 강원(35.4%), 충남(34.6%) 등 농어촌 지역의 비만율이 대구(30.2%), 광주(31.0%), 서울(31.8%) 등 도시 지역보다 높았다.

① ㉠

② ㉡

③ ㉢

④ ㉣

다음 글에서 추론한 내용으로 가장 적절한 것은?

2013년도 국가직 5급 변형

> 비자발적인 행위는 강제나 무지에서 비롯된 행위이다. 반면에 자발적인 행위는 그것의 단초가 행위자 자신 안에 있다. 행위자 자신 안에 행위의 단초가 있는 경우에는 행위를 할 것인지 말 것인지가 행위자 자신에게 달려 있다.
>
> 욕망이나 분노에서 비롯된 행위들을 모두 비자발적이라고 할 수는 없다. 그것들이 모두 비자발적이라면 인간 아닌 동물 중 어떤 것도 자발적으로 행위하는 게 아닐 것이며, 아이들조차 그럴 것이기 때문이다. 우리가 욕망하는 것들 중에는 마땅히 욕망해야 할 것이 있는데, 그러한 욕망에 따른 행위는 비자발적이라고 할 수 없다. 실제로 우리는 어떤 것들에 대해서는 마땅히 화를 내야 하며, 건강이나 배움과 같은 것은 마땅히 욕망해야 한다. 따라서 욕망이나 분노에서 비롯된 행위를 모두 비자발적인 것으로 보아서는 안 된다.
>
> 합리적 선택에 따르는 행위는 모두 자발적인 행위지만 자발적인 행위의 범위는 더 넓다. 왜냐하면 아이들이나 동물들도 자발적으로 행위하긴 하지만 합리적 선택에 따라 행위하지는 못하기 때문이다. 또한 욕망이나 분노에서 비롯된 행위는 어떤 것도 합리적 선택을 따르는 행위가 아니다. 이성이 없는 존재는 욕망이나 분노에 따라 행위할 수 있지만, 합리적 선택에 따라 행위할 수는 없기 때문이다. 또 자제력이 없는 사람은 욕망 때문에 행위하지만 합리적 선택에 따라 행위하지는 않는다. 반대로 자제력이 있는 사람은 합리적 선택에 따라 행위하지, 욕망 때문에 행위하지는 않는다.

① 욕망에 따른 행위는 모두 자발적인 것이다.

② 자제력이 있는 사람은 자발적으로 행위한다.

③ 자제력이 없는 사람은 비자발적으로 행위한다.

④ 자발적인 행위는 모두 합리적 선택에 따른 것이다.

07 ㉠의 특성이 반영된 사례로 적절한 것만을 <보기>에서 모두 고르면?

2010학년도 11월 고1 전국연합학력평가 변형

대상에 대한 묘사는 시각적 사실성에 의지해 표현하는 방법이 일반적이지만 이와 달리 시각적으로는 모순되더라도 알고 있는 사실을 명확하게 전달하는 데 중점을 둔 방법도 있다. 전자는 '시각상'에 의존하여 표현하는 방법이고, 후자는 ㉠ '촉각상'에 의존하여 표현하는 방법이다. 여기서 시각상이란 시각적 경험이 가져다주는 이미지이다. 즉, 앞뒤로 떨어져 있는 크기가 동일한 사물이 주체가 보는 위치에 따라 그 크기가 달라 보이는데 이를 이미지로 표현한 것이다. 반면 촉각상이란 촉각적 경험을 통해 대상에 대해 이미 알고 있는 이미지이다. 어떤 한 지점에서 앞뒤로 떨어져 있는 크기가 동일한 사물을 보면서 서로 달라 보이지만 실제로는 그 사물의 크기가 같다는 인식에서 나온 이미지인 것이다.

―〈보 기〉―

ㄱ. 이누이트가 사냥하고 있는 모습을 그릴 때, 사람과 개뿐만 아니라 얼음 밑에 있는 바다표범까지 그렸다.

ㄴ. 조선시대 화가 윤두서의 〈채과도〉는 수박, 참외, 가지 등의 명암을 살려 입체감이 느껴질 정도로 세밀하게 묘사하여 그렸다.

ㄷ. 피카소가 한국 전쟁에 관한 신문 기사를 읽고 그린 〈한국인의 대량 학살〉은 우측에는 중세 갑옷을 입은 침략자를, 좌측에는 벌거벗은 한국인을 그렸다.

① ㄱ

② ㄱ, ㄴ

③ ㄴ, ㄷ

④ ㄱ, ㄴ, ㄷ

08 <보기>와 동일한 오류를 범하고 있는 것은?

―〈보 기〉―

A학교와 B학교의 수학 시험 결과, 언제나 A학교의 수학 시험 점수가 B학교의 점수보다 더 높은 것으로 나타났다. 이 결과로부터 A학교의 학생인 '갑'이 B학교의 학생인 '을'보다 수학을 더 잘한다는 것을 알 수 있다.

① ○○차는 작년에 최고 판매량을 기록하였다. 따라서 현명한 소비자라면 ○○차를 선택할 것이다.

② 모든 구리는 전도성을 가진다. 이 앞에 놓인 물체는 구리이다. 따라서 이 물체는 전도성을 가지고 있다.

③ A회사는 매우 전문적이고 뛰어난 회사임에 틀림없다. 이 회사의 사원들 각자가 전문적이고 뛰어난 사람들로 구성되었기 때문이다.

④ 세계에서 이 카메라가 가장 가볍고 성능이 좋다. 그러므로 이 카메라의 각 부품들 역시 세계에서 가장 가볍고 성능이 좋을 것임에 틀림없다.

09 (가)~(다)를 맥락에 맞게 순서대로 나열한 것은?

> 애덤 스미스는 인간의 이기적인 욕망이 지배하는 완전 경쟁 시장에서는 '보이지 않는 손'에 의하여 적정한 가격과 생산량이 정해지며 이를 통해 최적의 자원 배분이 달성된다고 주장했다.
>
> > (가) 시장의 실패는 다양한 요인에 의해 초래되는데 가장 대표적인 이유가 '외부 효과'이다.
> > (나) 그러나 현실적으로 시장에서는 다양한 이유로 자원 배분이 최선의 상태에 이르지 못하기도 하는데, 이러한 상태를 '시장의 실패'라고 한다.
> > (다) 외부 효과란 한 사람의 행위가 제3자의 경제적 후생에 의도하지 않은 혜택이나 손실을 가져다주지만 그에 대한 보상이 이루어지지 않는 상태를 말한다.
>
> 이때 제3자에게 이익을 주는 외부 효과를 '긍정적 외부 효과'라 하고, 제3자의 경제적 후생 수준을 낮추는 외부 효과를 '부정적 외부 효과'라 한다.

① (가)-(다)-(나)
② (나)-(가)-(다)
③ (나)-(다)-(가)
④ (다)-(나)-(가)

10 (가)에서 근거를 찾아 (나)를 반박하는 글을 쓰려고 한다. 글에 담길 내용으로 가장 적절한 것은?

> (가) 여름철 전력 수요가 최고조에 이르는 시간은 오후 2시부터 5시 사이이다. 그런데 일반용 전기는 오전 11시부터 오후 6시 사이에 수요가 급증하는 반면, 가정용 전기는 퇴근 시간 이후인 오후 6시부터 전력 수요가 급증한다. 한편 공장을 가동하기 위한 산업용 전기는 계절이나 시간과 상관없이 24시간 꾸준히 사용된다.
> (나) 전기 요금 누진제는 전기의 소비 절약을 유도하는 효과가 있다. 최근 가정용 전기 제품이 대형화·다양화되고, 폭염으로 인해 계절 가전의 사용량도 증가하면서 가정용 전기 사용량이 증가하는 추세이다. 지난여름 기록적인 폭염 속에서 전력 예비율이 한 자릿수까지 떨어졌다는 속보를 접하면서 국민 대다수가 대규모 정전 사태인 블랙아웃에 대한 공포를 느꼈다. 실제로 2011년 9월 여름 우리나라에서 블랙아웃이 발생했고, 이러한 현상은 전 세계적으로 나타나고 있는 추세이다. 따라서 전력 부족으로 인해 대규모 정전 사태와 같은 사회적 문제가 발생하지 않도록 전기 요금 누진제를 통해 전기 소비의 절약을 유도해야 한다.

① 블랙아웃이 발생하는 것을 미연에 방지하기 위해서 전기 요금 누진제와 병행할 계절별·시간대별 차등 요금제를 도입해야 할 것이다.

② 전기 요금 누진제를 폐지하더라도 가정용과 달리, 일반용과 산업용 전기의 사용량이 증가하지 않으므로 블랙아웃은 발생하지 않을 것이다.

③ 전력 피크 시간대와 가정용 전기의 수요가 급증하는 시간을 비교할 때, 가정용에만 적용되는 전기 요금 누진제는 블랙아웃을 대비하는 효과가 미미할 것이다.

④ 가정용이나 일반용 전기와 다르게, 산업용 전기는 24시간 사용되기 때문에 산업용 전기에 누진제를 적용하더라도 전기의 소비 절약을 유도하기는 어려울 것이다.

약점 보완 해설집 p.33

해커스공무원

혜원국어 추론형 독해
적중 하프모의고사

개정 2판 2쇄 발행 2024년 11월 25일
개정 2판 1쇄 발행 2024년 9월 3일

지은이	고혜원
펴낸곳	해커스패스
펴낸이	해커스공무원 출판팀

주소	서울특별시 강남구 강남대로 428 해커스공무원
고객센터	1588-4055
교재 관련 문의	gosi@hackerspass.com
	해커스공무원 사이트(gosi.Hackers.com) 교재 Q&A 게시판
	카카오톡 플러스 친구 [해커스공무원 노량진캠퍼스]
학원 강의 및 동영상강의	gosi.Hackers.com

ISBN	979-11-7244-304-7 (13710)
Serial Number	02-02-01

공무원 교육 1위,
해커스공무원 gosi.Hackers.com

해커스공무원

· **해커스공무원 학원 및 인강**(교재 내 인강 할인쿠폰 수록)
· 정확한 성적 분석으로 약점 극복이 가능한 **합격예측 온라인 모의고사**(교재 내 응시권 및 해설강의 수강권 수록)
· 해커스 스타강사의 **공무원 국어 무료 특강**
· 필수 어휘와 사자성어를 편리하게 학습할 수 있는 **해커스 매일국어 어플**

해커스공무원 **단기 합격생**이 말하는
공무원 합격의 비밀!

해커스공무원과 함께라면
다음 합격의 주인공은 바로 여러분입니다.

대학교 재학 중,
7개월 만에 국가직 합격!

김*석 합격생

영어 단어 암기를 하프모의고사로!

하프모의고사의 도움을 많이 얻었습니다. **모의고사의 5일 치 단어를 일주일에 한 번씩 외웠고**, 영어 단어 **100개씩은 하루에 외우려고** 노력했습니다.

가산점 없이
6개월 만에 지방직 합격!

김*영 합격생

국어 고득점 비법은 기출과 오답노트!

이론 강의를 두 달간 들으면서 **이론을 제대로 잡고 바로 기출문제로** 들어갔습니다. 문제를 풀어보고 기출강의를 들으며 **틀렸던 부분을 필기하며** 머리에 새겼습니다.

직렬 관련학과 전공,
6개월 만에 서울시 합격!

최*숙 합격생

한국사 공부법은 기출문제 통한 복습!

한국사는 휘발성이 큰 과목이기 때문에 **반복 복습이 중요하다고** 생각했습니다. 선생님의 강의를 듣고 나서 바로 **내용에 해당되는 기출문제를 풀면서 복습**했습니다.

해커스공무원

혜원국어 추론형 독해

적중 하프모의고사

약점 보완 해설집

해커스공무원

혜원국어 추론형 독해

적중 하프모의고사

약점 보완 해설집

해커스

01	02	03	04	05
③	②	④	①	②
06	07	08	09	10
④	④	④	③	②

01
정답 ③

정답 체크

제시된 글은 귀납법이 지닌 한계를 지적하는 우화이다. 귀납추리로 매일 아침 9시에 모이를 먹는다고 결론을 내린 칠면조가 크리스마스 이브에 목이 잘렸다. 즉 제시된 글을 통해 모든 가능성을 자료로 가질 수는 없기 때문에 귀납적 결론에는 한계가 있음을 추론할 수 있다.

오답 분석

① 제시된 글은 칠면조의 죽음을 통해 관찰이나 경험의 축적은 틀릴 수 있음을 지적하고 있는 내용이다.

② 많은 관찰 증거, 실험 증거들이 추가된다고 해서 가설이 참으로 확인될 수는 없다.

④ 제시된 글은 귀납적이지 않은 지식도 있음을 밝히는 글이 아니다.

02
정답 ②

정답 체크

사례로 언급한 A는 상대방의 말을 잘 들어 주기는 하지만 자신에 대해서는 드러내지 않고 있다. 그것이 문제가 되어 A에게는 친한 친구가 없다는 내용이다. 따라서 빈칸에는 '바람직한 인간관계를 위해서는 상대방이 자신을 드러내는 만큼 나도 자신을 드러내야' 한다는 내용이 들어가는 것이 적절하다.

03
정답 ④

정답 체크

1단계	(나)의 '이것'은 (다)에 언급한 '쓰파라치'이다. 따라서 (다) 뒤에 (나)가 이어지는 것이 적절하다.
2단계	(라)의 '이런 말들'은 앞서 제시한 '쓰파라치', '담파라치', '봉파라치', '학파라치'이다. 따라서 (가) 뒤에 (라)가 이어지는 것이 적절하다.

따라서 제시된 글은 '(다) – (나) – (가) – (라)'로 연결하는 것이 적절하다.

04
정답 ①

정답 체크

가운데에 뻗어 있는 선은 '두뇌선'이다. '두뇌선'은 선명할수록 머리가 좋다고 했다. 또 '월구'가 두툼하게 발달해 있으면 예술가 기질이 많다고 했다. 따라서 빈칸에는 '머리가 좋고, 예술가 기질이 있는'이 들어가는 것이 가장 적절하다.

05
정답 ②

정답 체크

(가)	수학을 좋아하는 사람의 일부가 영어를 좋아한다. 따라서 영어를 좋아하는 사람의 일부에 수학을 좋아하는 사람이 포함되어 있다.
(나)	수학을 좋아하는 모든 사람은 도서관에 자주 간다.

따라서 영어를 좋아하는 사람 중 어떤 사람은 도서관에 자주 간다는 결론을 내릴 수 있다.

오답 분석

① 수학을 좋아하는 사람 중 일부가 영어를 좋아한다. 그러나 영어를 좋아하는 사람이 모두 수학을 좋아한다고 볼 수는 없다.

③ 전제 (나)의 '역'이다. '역'이 항상 참인 것은 아니다.

④ (나)에서 수학을 좋아하는 모든 사람은 도서관에 자주 간다고 하였다. 따라서 이는 항상 '거짓'인 진술이다.

06
정답 ④

정답 체크

(가)와 (나)의 사례 모두 현재 자신의 처지에 만족하는 것이 아니라 지휘를 남몰래 연습하거나 오페라 전 악장의 가사를 모두 외워, 언제 찾아올지 모르는 기회를 잡기 위해 미리 준비하는 행동을 확인할 수 있다. 이를 통해 '미래를 위해 준비하는 자세만이 성공을 가져올 수 있다.'라는 주제를 이끌어낼 수 있다.

07

정답 체크

2문단에서는 적절한 절차를 거치더라도 대립되는 의견이 서로 대등할 경우에 정책 딜레마에 빠지기 쉽다고 했다. 따라서 적절한 절차가 있다면 정책 딜레마 상황에 놓이지 않는다는 진술은 적절하지 않다.

오답 분석

① 1문단에서 실체설은 사회에서 합의된 절대적 가치를 공익으로 본다고 하였다. 따라서 실체설에서는 정책의 추구 목적으로 사회적으로 합의된 절대적 가치를 중시하고 있음을 알 수 있다.

② 1문단에서 과정설은 공익과 실체의 연결을 부정하고 공익을 발견해 나가는 의사 결정 과정에서의 적절한 절차를 중시한다고 하였다. 따라서 과정설에서는 적절한 절차를 따르면 어떤 이익도 공익으로 간주될 것임을 알 수 있다.

③ 1문단에서 공공재가 공급 주체에 따라 결정되는 것이 아니라 재화나 서비스 자체의 성격에서 규정된다고 하였다. 따라서 마을에서 운영하는 도서관이 공동 소비를 위한 성격을 띤다면 공공재라 할 수 있다.

08

정답 ④

정답 체크

제시된 진술을 간단히 정리하면 다음과 같다.

전제 1.	나무 → 새
전제 2.	하늘 → 꽃 ∧ 숲 (하늘 → 꽃), (하늘 → 숲)
전제 3.	숲 → 나무

'하늘 → 숲(전제 2)', '숲 → 나무(전제 3)', '나무 → 새(전제 1)'을 연결하면 '하늘 → 새'를 추론할 수 있다.

09

정답 ③

정답 체크

4문단에서 "태풍의 에너지원은 따뜻한 해수로부터 증발되는 수증기가 응결할 때 방출되는 잠열"이라고 하였다. 따라서 바다와 육지의 경계를 넘나들면서 에너지를 얻는다는 이해는 적절하지 않다.

오답 분석

① 1문단의 "이 수렴대는 계절에 따라 변동하기 때문에 태풍의 발생 위치가 바뀐다." 부분을 통해 태풍은 계절에 따라 발생하는 위치가 달라짐을 추론할 수 있다.

② 3문단의 "경우에 따라 이러한 정상 경로로 진행하지 않는 태풍도 존재한다." 부분을 통해 태풍이 언제나 정상적인 경로에 따라 이동하는 것은 아님을 알 수 있다.

④ 2문단의 "태풍의 크기는 풍속 25m/s 이상의 폭풍권의 반지름으로 구분된다." 부분을 통해 폭풍권의 반지름으로 태풍의 크기를 구분한다는 것을 짐작할 수 있다.

10

정답 ②

정답 체크

'필터'는 여론 조사 문항에서 중립적인 성향을 가진 사람들에게 영향을 끼칠 수 있는 긍정적이거나 부정적 내용을 담은 문항을 말한다. ②의 질문은 '김○○ 시장이 취임한 지 1년이 되었다'는 객관적 사실만 제시하고 있을 뿐, 그 시장에 대한 긍정적 혹은 부정적인 평가를 담은 내용은 살펴볼 수 없다. 따라서 '필터'를 나타냈다고 보기 어렵다.

오답 분석

①, ③ 긍정적 평가를 담은 필터가 들어 있다.

④ 부정적 평가를 담은 필터가 들어 있다.

해커스공무원 혜원국어 추론형 독해 적중 하프모의고사

Day 01 하프모의고사 1회 정답·해설 **3**

01	02	03	04	05
②	③	①	③	③
06	07	08	09	10
①	④	③	②	①

01

정답 ②

정답 체크

'즉'은 '다시 말하여'라는 의미로, 앞에 진술한 내용과 의미적 동치 관계에 있는 문장임을 드러내는 표지이다.

바꿔 말하면, 뒷부분에 제시된 "즉 빅뱅은 '0년'을 나타내는 것이다."는 빈칸의 논지를 요약한 말이다. 따라서 빈칸에는 "즉 빅뱅은 '0년'을 나타내는 것이다."와 동일한 의미가 들어가야 하므로, 빈칸에는 '빅뱅 이전에는 시간도 없었다'가 들어가는 것이 가장 적절하다.

02

정답 ③

정답 체크

'A가 B보다 연봉이 높다'는 것은 확실히 'A>B'라고 표현할 수 있다.

그런데 연봉이 높지 않다는 것은 연봉이 낮다는 의미도 있지만, 같다는 의미도 있다.

이를 활용하여 '갑', '을', '병', '정' 네 사람의 연봉을 비교하면 다음과 같다.

갑 > 을 ≥ 정 ≥ 병

따라서 '병'과 '을'의 연봉은 같을 수도 있다는 진술은 반드시 참이다.

03

정답 ①

정답 체크

1단계	(나)에서 '아폴론'과 '디오니소스'가 각각 어떤 신인지 설명하고 있다. (가)는 '이에 따라'로 시작하고 있는데, (나)에 언급한 신의 특징과 관련이 있다. 따라서 (나) 뒤에 (가)가 이어지는 것이 자연스럽다.
2단계	(라)의 '그에 따르면'의 '그'는 (가)의 두 번째 문장에 언급된 '니체'이다. 따라서 (가) 뒤에 (라)가 이어지는 것이 자연스럽다.
3단계	(다)는 '이에 반해'로 시작되고 있는데, 이는 '사실적 내용을 기술한다.'는 (라)의 내용과 상반된다. 따라서 (라) 뒤에 (다)가 이어지는 것이 자연스럽다.

따라서 제시된 글은 '(나)-(가)-(라)-(다)'로 배열하는 것이 적절하다.

04

정답 ③

정답 체크

제시된 글에서 연철은 발음을 충실히 반영한다는 장점이 있지만, 우리말의 현행 표기법이 분철을 채택하고, 모든 자음을 받침으로 허용한 것은 형태소의 모습을 시각적으로 고정함으로써 그 의미를 빠르게 인식하도록 하는 효과가 있기 때문이라고 설명했다. "결국 어떤 형태소가 늘 한 모습으로 나타나는 것이, 우리가 그 의미를 빠르게 인식하게 하는 길인 것이다."라는 마지막 문장의 내용으로 볼 때, 글쓴이가 전달하려는 중심 내용으로는 ③이다.

05

정답 ③

정답 체크

㉠ '종로에서 뺨 맞고 한강에서 눈 흘긴다.'라는 속담의 뜻은 '욕을 당한 자리에서는 아무 말도 못하고 뒤에 가서 불평함'을 비유적으로 이르는 말. '노여움을 애매한 다른 데로 옮김'을 비유적으로 이르는 말이다. 이는 '원래의 원천에서 대리 목표로 정서적인 느낌을 돌리는 것'을 의미하는 '전위'와 관련 깊다.

㉡ '미운 아이 떡 하나 더 준다.'는 '미운 사람일수록 더 잘 대우해 주어 호감을 갖도록 한다.'를 의미하는 속담으로, '자신의 진짜 느낌과는 정확하게 정반대의 방향으로 행동하는 것'을 의미하는 '반동 형성'과 관련 깊다.

06

정답 체크

1문단의 "도덕에서는 무엇보다도 실천이 중요한데, 감정은 행위의 동기가 될 수 있지만 이성은 그렇지 못하기 때문이다." 부분을 볼 때, 적절하지 않은 이해이다.

오답 분석

② 1문단의 내용을 볼 때, 흄은 도덕적 행위의 근원을 동정심이라는 감정에서 찾았다.

③ 1문단의 "흄은 도덕적 가치인 선과 악이 객관적 실재라기보다는 주관적인 느낌의 문제라고 보았다." 부분을 통해 알 수 있다.

④ 2문단의 "동정심은 과거 고통에 대한 우리의 지나간 경험과 그에 대한 기억 능력에 기대어 있는 것에 불과한 것이다." 부분을 통해 알 수 있다.

07
정답 ④

정답 체크

제시된 정보들을 다음과 같이 기호로 표현할 수 있다.

p	매주 일요일마다 소개팅을 한다.
q	결혼 정보 업체 회원이다.
r	내년에 결혼을 하고 싶어 한다.

'전제 1'은 'p→q'에서 결론 '~q→~r(r→q)'을 도출하기 위해서는 'r→p'라는 명제가 필요하다.

따라서 빈칸에는 'r→p'의 대우인 '~p→~r'에 해당하는 ④가 들어가는 것이 가장 적절하다.

08
정답 ③

정답 체크

제시된 글에서 사람은 보통 숨을 내쉬면서 웃음소리를 내지만 침팬지는 숨을 내쉬고 들이쉴 때 모두 웃음소리를 낸다고 했기 때문에, 웃음소리를 내는 방법이 동일하다는 추론은 적절하지 않다.

오답 분석

① 사람의 웃음소리는 영장류보다 규칙적인데 이것은 웃을 때 성대의 떨림이 더 규칙적으로 일어나기 때문이다. 따라서 웃음소리와 성대의 떨림은 서로 연관성이 있다고 할 수 있다.

② 성대의 움직임이 사람과 가장 비슷한 종이 '보노보'이므로, '보노보'의 성대 떨림은 사람처럼 규칙적임을 추론할 수 있다.

④ 계통적으로 사람과 먼 오랑우탄과 긴팔원숭이는 사람과 가장 다른 웃음소리를 낸다.

09
정답 ②

정답 체크

ㄱ. 네트워크 도시가 기존의 대도시 중심의 성장과는 달리 중소도시들 간의 협력으로 인해 개별 도시가 성장할 수 있다고 하였다.

ㄴ. 네트워크 도시의 문제점으로 도시의 외곽이 무분별하게 커지는 스프롤 현상이 있는데, 이는 도시들끼리의 연결이 충분한 수준으로 이루어지지 않았기 때문이라고 하였다.

오답 분석

ㄷ. 네트워크 도시는 독립적인 기반을 가지고, 서로 다른 기능을 하는 도시들을 하나로 연결하는 것이라고 하였다. 따라서 적절하지 않은 반응이다.

10
정답 ①

정답 체크

4문단의 "인조의 뒤를 이어 효종, 현종, 숙종이 연이어 왕위에 오르는 과정" 부분을 통해 '효종' 뒤에 '현종'이 왕위를 이었음을 알 수 있다.

2문단에서 "그 국왕의 뒤를 이어 즉위한 새 왕은 전왕(前王)의 실록을 만들기 위해 실록청을 세웠다."라고 하였다. 이를 볼 때, 『효종실록』은 현종 때 설치된 실록청이 간행했을 것이라는 추론이 가능하다.

오답 분석

② 3문단의 "세조 때 『노산군일기』가 간행되었다. 그런데 숙종 24년(1698)에 노산군이 단종으로 복위된 후로 『노산군일기』를 『단종실록』으로 고쳐 부르게 되었다." 부분을 볼 때, 세조 때에 이미 간행되었음을 알 수 있다. 숙종 때에는 『노산군일기』를 『단종실록』으로 고쳐 부른 것뿐이다. 따라서 적절하지 않은 추론이다.

③ 3문단에서 "'일기'는 명칭만 '실록'이라고 부르지 않을 뿐 간행 과정은 그와 동일했다. 그렇기 때문에 '일기'도 세계 기록 유산으로 등재된 조선왕조실록에 포함된 것이다."라고 하였다. 따라서 『광해군일기』는 세계 기록 유산으로 등재된 조선왕조실록에 포함될 것이다.

④ 1문단에서 "유네스코는 태조부터 철종까지의 시기에 있었던 사건들이 담긴 조선왕조실록 총 1,893권, 888책을 세계 기록 유산으로 등재하였다."라고 하였다. 따라서 일제 침략기에 편찬된 『고종실록』은 세계 기록 유산으로 등재된 조선왕조실록에 포함되지 않는다.

01	02	03	04	05
③	④	②	②	②
06	07	08	09	10
④	①	④	③	④

01

정답 ③

정답 체크

1단계	첫 문장에서 "조직을 이끄는 리더가 갖추어야 할 능력은 무엇일까?"라고 질문을 던지고 있다. 따라서 바로 다음에는 그 답, 즉 리더가 갖추어야 할 능력을 제시한 (라)가 이어지는 것이 자연스럽다.
2단계	(나)의 '모래알처럼 흩어지기 쉽다.'는 내용과 (가)의 '따라서 응집시키는 힘이 필요하다.'는 내용이 인과 관계를 가진다. 따라서 (나) 뒤에 (가)가 이어지는 것이 자연스럽다.
3단계	'예를 들어'로 시작되는 (다)는 구체적인 예시에 해당한다. 따라서 '(나)-(가)' 뒤에 이어지는 것이 자연스럽다.

따라서 맥락에 맞춰 나열하면 '(라)-(나)-(가)-(다)'이다.

02

정답 ④

정답 체크

2문단의 "색의 순도는 유지하면서 보는 이의 망막 위에서 색이 혼합되는 효과를 낳게 된다." 부분을 볼 때, 점묘법으로 그려진 그림의 작은 점들에서 나온 빛들은 인간의 망막에서 혼합되어 다른 색으로 인식됨을 추론할 수 있다.

03

정답 ②

정답 체크

문제의식은 지식인에게 꼭 필요한 자질이므로 이것이 없는 지식인은 지식인이라 할 수 없다는 내용을 고려해 볼 때, 빈칸에는 '그 신분이나 지위에 필요한 가장 핵심적인 자질이 결여된 존재'들이 들어가야 한다. 그런데 학생의 핵심적인 자질은 '학구열'이지 '융통성'이 아니다. 따라서 빈칸에 들어갈 내용으로 적절하지 않다.

04

정답 ②

정답 체크

기호로 표현하면 다음과 같다.

A	물을 마시지 않는다.
B	얼굴이 건조하다.
C	약을 먹지 않는다.
D	배가 아프다.

제시된 전제에서 결론 'C→D'를 도출하기 위해서는 'C→A'가 필요하다. 따라서 'C→A'의 대우인 '~A→~C'인 '물을 마시면 약을 먹는다.'가 빈칸에 들어간다.

05

정답 ②

정답 체크

기호로 표현하면 다음과 같다.

(가)	심성이 고움 → 인간관계	~ 인간관계 → ~심성이 고움
(나)	욕을 사용 → ~인간관계	인관관계 → ~욕을 사용

'(가)의 대우'와 '(나)'를 연결하면, '욕을 사용 → ~인간관계 → ~심성이 고움'을 도출할 수 있다.

따라서 빈칸에는 '욕을 즐겨 쓰는 사람은 심성이 곱지 않다.'가 들어가는 것이 적절하다.

06

정답 ④

정답 체크

2문단에서 "모순되는 증거가 있는 경우에 어느 증거를 믿는가도 법관의 자유 판단에 맡겨진다."라고 하였다. 따라서 어느 쪽도 증거의 실질적인 가치로서의 신빙성을 인정받을 수 없다는 추론은 적절하지 않다.

오답 분석

① 1문단의 "증명력은 증거능력과는 달리 증거자료가 사실의 판단에 기여할 수 있는 정도"와 2문단의 "증명력 평가는 법관의 자유 판단에 맡겨져 있는데" 부분을 통해 알 수 있다.

② 2문단의 "증거능력이 있는 증거가 제출되면 증거가치에 대한 판단은 법관의 자유 판단에 따른다.", "자유심증주의에 따라 법관은 자유롭게 증거를 취사선택할 수 있고" 부분을 통해 알 수 있다.

③ 2문단의 "법관의 판단은 합당한 근거를 배경으로 해야 하며, 단순한 자의적 판단은 정당화되지 않는다." 부분을 통해 알 수 있다.

07   정답 ①

1단계	복원하기 어렵다는 (나)의 내용과, 그래서 손상을 예방하는 것이 중요하다는 (가)의 내용은 인과 관계를 가진다. 따라서 (나) 뒤에 (가)가 이어지는 것이 자연스럽다.
2단계	(라)는 '보존 과학'으로 시작하는 마지막 단락과 연결된다. 따라서 (라)가 가장 나중에 오는 것이 자연스럽다. '(나) – (가)'로 이어지면서, (라)가 가장 나중에 오는 것은 ①뿐이다.

따라서 맥락에 맞춰 나열하면 '(나) – (가) – (다) – (라)'이다.

08   정답 ④

㉠의 앞에는 '앞에서도 언급했듯이'라는 표현이 있다. 즉 2문단은 합목적성에 대해 언급하는 단락이긴 하지만, 이를 설명하는 과정에서 앞 단락에서 언급한 무관심성의 내용을 차용하고 있다. 2문단의 끝 문장에 의하자면, 아름다움을 느끼는 감정은 대상을 외부의 목적의식 없이 순수하게 관조할 때 생겨난다. 그렇기 때문에 분석하려는 목적의식이 개입되는 순간 아름다움은 사라지게 된다.

09   정답 ③

ㄴ. 1문단의 "한국 전통 건축에서 전체로서의 건축물은 몇 개의 서로 다른 내-외부 영역들의 집합체로 이루어지는데" 부분에서 알 수 있다.

ㄷ. 2문단의 "전이가 이루어지기 위해서는 각 영역들이 적절히 분리 혹은 차단되면서 동시에 접근이 가능해야 한다." 부분에서 알 수 있다.

ㄱ. 2문단의 "이동 행위가 불가능한 경우라도 시각적으로 연속되는 전이점이 존재하게 되는 것이다."를 볼 때 적절하지 않은 이해이다.

10   정답 ④

총무과는 [총무꽈]로, 초점은 [초쩜]으로 사잇소리 현상이 일어나는 발음이지만, '곳간, 셋방, 숫자, 찻간, 툇간, 횟수'의 여섯 단어만 사이시옷을 적는 것으로 정해 놓은 한글 맞춤법 제30항의 규정대로 사이시옷을 적지 않은 것이다. 따라서 사잇소리 현상이 일어나지 않기 때문에 '총무과', '초점'으로 적는다는 이해는 적절하지 않다.

① '대가(代價)[대까]'는 사잇소리 현상이 일어나는 한자어인데도 사이시옷을 적지 않으므로 한글 맞춤법 제30항의 문제를 지적하는 사례가 될 수 있다.

② '손+등'을 '손등'으로 적는 것과 달리 '내+물'을 '냇물'로 적는 것은 사잇소리 현상이 일어나는 경우인 '합성어의 앞말이 모음으로 끝났을 때에 사이시옷을 적는다.'라는 본문의 설명에 부합한다.

③ 격(格) 구조 이론에서는 처소격인 경우 사잇소리 현상이 일어난다고 설명하고 있으므로, 처소격이 아닌데도 사잇소리 현상이 일어나는 '빨랫줄[빨랟쭐]'은 격 구조 이론에 맞지 않는 사례이다.

01	02	03	04	05
③	④	②	②	③
06	07	08	09	10
④	④	③	①	①

01

정답 ③

정답 체크

제시된 글은 <미궤 설화>의 줄거리이다.

"톱질하는 소리가 들리자 쌀 궤 속의 관리가 살려 달라고 소리쳤다. 놀란 사람들이 쌀 궤를 열어 보니 벌거벗은 관리가 밖으로 나왔다."를 볼 때, 궤 속 인물은 궤 속에서 나올 때까지 자신이 놀림의 대상인 줄 알아채지 못하고 있다. 따라서 사전에 계획 모의를 알고 있었다는 이해는 적절하지 않다.

오답 분석

① "사또가 그를 유혹하여 창피를 줄 수 있는 기생이 있다면 큰 상을 내리겠다고 하자 한 기생이 자청하고 나섰다." 부분을 통해 알 수 있다.

② 사또나 기생 등이 짜고, 새로 부임한 관리를 골탕 먹이기 위해 연극을 꾸몄다.

④ 새로 부임한 관리를 유혹할 기생을 모집한 것도, 재판관 역할을 맡은 것도 '사또'이다. 따라서 계략을 꾸민 사건에 직접적으로 개입하고 있다고 볼 수 있다.

02

정답 ④

정답 체크

1단계	(다)는 첫 번째 문장에서 언급한 사진기 발명 직후 사진작가들이 생각한 '프레임'을 다시 풀어 설명한 것이다. 따라서 첫 번째 문장 뒤에는 (다)가 오는 것이 적절하다.
2단계	'더욱이 이 프레임'으로 시작하는 (나)는 (다) 뒤에 이어지는 것이 자연스럽다.
3단계	(가)는 '따라서'로 시작하고 있다. 이는 (나)와 인과 관계를 가지기 때문에, (나) 뒤에 (가)가 이어지는 것이 자연스럽다.

따라서 제시된 글은 '(다) - (나) - (가)'로 배열하는 것이 자연스럽다.

03

정답 ②

정답 체크

빈칸 바로 앞에 "사람은 저마다 따로따로 자기 세계를 가꾸면서도 공유(共有)하는 만남이 있어야 한다."라고 나와 있다. 따라서 빈칸에는 '저마다 자신의 세계를 가꿈.'과 '서로의 삶이 공유됨.'을 모두 포함하는 말이 어울린다. 이를 가장 잘 표현한 말은 ②이다.

04

정답 ②

정답 체크

기호로 표현하면 다음과 같다.

(나)	~거짓말 → 없다
결론	착한 사람 → 없다

삼단논법에 따라 결론이 성립되기 위해서는 '거짓말'과 '착한 사람'의 관계가 필요하다. 따라서 (가)에는 '착한 사람 → ~거짓말'이 들어가야 한다.

05

정답 ③

정답 체크

두 번째 명제의 '말하는 것을 좋아하는 사람(= ~말하는 것을 싫어하는 사람)'의 자리에 '외향적인 성격'이 들어가면 '외향적인 성격은 외국어를 쉽게 배운다.'가 성립한다. 이를 위해서는 '외향적인 성격은 말하는 것을 좋아한다.'라는 명제가 필요하다.

06

정답 ④

정답 체크

글쓴이는 "우리는 흔히 의성어와 의태어를 하나의 부류로 생각한다."라는 통념에 대해 근거를 들어서 반박하고 있다. 따라서 결론에는 반박에 대한 결론, 즉 둘을 하나의 부류로 묶을 수 없다는 내용이 오는 것이 적절하다. 그러므로 빈칸에는 '의성어와 의태어를 하나의 부류로 뭉뚱그려서는 안 된다.'가 들어가는 것이 가장 적절하다.

07

정답 체크

열 파마는 일반 파마보다 장점이 많지만 반대로 머릿결이 손상되는 단점도 있다. 이는 과일을 갈아서 먹으면 껍질째 먹는 것보다 소화가 잘 되는 장점이 있지만, 영양소가 손실된다는 단점이 있는 경우와 유사하다.

오답 분석

① 태양광 발전을 다른 발전과 비교할 때 나타날 수 있는 문제점이 제시되어야 유사한 사례가 될 수 있다.

② 장점을 나열한 것이기 때문에 적절하지 않은 사례이다.

③ 단점을 나열한 것이기 때문에 적절하지 않은 사례이다.

08

정답 ③

정답 체크

ㄱ. 4문단에서 "자율성주의는 어떠한 예술작품도 도덕적 가치판단의 대상이 될 수 없다고 보는 입장이다."라고 하였다. 한편 2문단의 "극단적 도덕주의 입장은 모든 예술작품을 도덕적 가치판단의 대상으로 본다."와 3문단의 "온건한 도덕주의는 오직 일부 예술작품만이 도덕적 판단의 대상이 된다고 보는 입장이다." 부분을 볼 때, 극단적 도덕주의와 온건한 도덕주의는 모두 예술 작품이 도덕적 판단의 대상이 될 수 있다고 보는 입장이다. 따라서 자율성주의는 극단적 도덕주의와 온건한 도덕주의에 대해 모두 범주착오에 해당한다고 비판하고 있다.

ㄷ. 도덕적 판단 범위에 있어 온건한 도덕주의가 극단적 도덕주의에 포함된다. 따라서 온건한 도덕주의에서 도덕적 판단의 대상이 되는 예술 작품은 모두 극단적 도덕주의에서도 도덕적 판단의 대상이 될 것이다.

오답 분석

ㄴ. 2문단에서 "극단적 도덕주의 입장은 모든 예술작품을 도덕적 가치판단의 대상으로 본다."라고 하였다. '도덕적 가치'가 평가 기준이고, '모든 예술 작품'이 '평가 대상'이다. 그런데 ㄴ은 평가 기준과 평가 대상을 반대로 진술하고 있다.

09

정답 ①

정답 체크

"관성은 움직이고 있을 때에는 그 상태로 계속 움직이고, 멈춰 있을 때에는 그대로 계속 멈춰 있으려는 경향을 말한다."라고 하였다. 그런데 풍선 속의 공기가 풍선 밖으로 빠져 나오면서 풍선을 반대 방향으로 밀어내는 경우에 해당하므로, 관성과는 아무런 상관이 없다.

※ ①처럼 어떤 움직임에 대하여 그것을 거스르는 반대의 움직임이 생겨나는 경우를 '반작용'이라 한다.

10

정답 ①

정답 체크

글쓴이는 웃음의 원인에 대한 여러 견해를 몇 가지 유형으로 나누어 설명하고 있다. 그러나 이 이론들은 모두 웃음이 왜 발생하는지, 웃음의 본질이 무엇인지에 대해 부분적으로 해명해 줄 뿐이다. 3문단에 나와 있듯 웃음은 다양성을 갖기 때문에 웃음에 대한 보편적 이론을 구성하기 어려운 것이다. 따라서 글쓴이의 생각을 가장 잘 표현한 것은 ①이다.

01	02	03	04	05
④	①	④	④	①
06	07	08	09	10
①	③	④	①	③

01

정답 ④

정답 체크

2문단에서 "종의 이입률과 멸종률이 같아지면 평형 상태에 놓여, 섬의 종 수가 비교적 안정된 상태를 유지하게 된다."라고 하였다. 이입률과 멸종률이 같다는 것이 이입과 멸종이 더 이상 일어나지 않는다는 것을 의미하지는 않는다.

오답 분석

① 1문단의 "섬은 육지보다 좁고 주변 군집들과 격리되어 있어 종의 수 연구에 적합한 환경을 제공하였기 때문이다." 부분을 통해 알 수 있다.

② 2문단의 "육지의 종 수가 섬으로 이입되는 종 수에 영향을 준다." 부분을 통해 알 수 있다.

③ 2문단의 "섬의 종 수가 증가함에 따라 경쟁과 포식자-피식자 상호 작용으로 일부 종들이 사라지면서 멸종률이 높아진다." 부분을 통해 알 수 있다.

02

정답 ①

정답 체크

1단계	뇌세포는 한번 손상되면 재생되지 않으므로 손상되지 않도록 관리가 필요하다.(다)
2단계	혈관성 치매는 뇌혈관의 손상으로 인해 발생하는 질환으로, 한번 손상되면 재생되지 않는 뇌세포가 손상되는 뇌질환이다.(가)
3단계	혈관은 평소에 간단한 운동과 식습관 개선을 통해 깨끗이 유지할 수 있다.(나)
4단계	'1단계~3단계'를 볼 때, 혈관성 치매는 사후 치료보다는 예방이 중요하다는 것을 추론할 수 있다.

03

정답 ④

정답 체크

제시된 글에서 정부가 국제 경제 정책에 개입하는 법적 근거와 절차에 대해 설명하고 있지는 않다.

오답 분석

① 제시된 글에서 "국제 경제 정책에는 무역 정책과 국제 금융 정책이 있다"고 언급하면서 국제 경제 정책의 하위분류에 대해 밝히고 있다.

② 제시된 글에서 "무역 정책은 정부가 상품의 수출입에 개입하는 정책이고, 국제 금융 정책은 국제 자본 이동이나 환율에 개입하는 정책"이라고 밝히며 두 정책의 차이점에 대해 언급하고 있다.

③ 제시된 글의 내용을 종합해보면 무역 정책은 결정에 있어 무역 상대국의 입장, 정책의 효과, 국제 수지 등을 고려해야 한다고 하였다.

04

정답 ④

정답 체크

1단계	선지를 볼 때, 첫 번째 문장이 (가)이다. (가)에서 '자유'를 언급하고 있기 때문에 (라)가 온다고 생각할 수 있다. 그런데 "이것이 바로"로 시작하는 (다)의 '이것'은 (가)이다. 따라서 (가) 뒤에 (다)가 오고, 그 뒤에 (라)가 오는 것이 자연스럽다.
2단계	(라)와 (나)는 인과 관계를 가진다. 따라서 (라) 뒤에 (나)가 이어지는 것이 자연스럽다.

따라서 맥락에 맞춰 나열하면 '(가)-(다)-(라)-(나)'이다.

05

정답 ①

정답 체크

신뢰성 평가는 글의 저자, 생산 기관, 출판 시기 등 출처에 대한 정보를 확인하여 그 글이 믿을 만한지 판단하는 것이므로, 읽을 글을 선정하기 위해 생산 기관인 출판사의 공신력을 따지는 것은 ㉠을 고려한 것이다.

오답 분석

② 글의 출판 시기에 관한 정보를 확인함으로써 그 글이 믿을 만한지 판단하는 것은 ㉠에 해당한다.

③ 정보가 산재해 있는 디지털 환경에서는 글이 믿을 만한지 파악하는 것이 중요하므로 ㉠의 필요성이 강조될 것이다. 따라서 ㉠의 필요성이 사라진다는 진술은 적절하지 않다.

④ ㉠은 저자 등 출처에 관한 정보를 확인하여 그 글이 믿을 만한지 판단하는 것이고, ㉡은 내용에 읽기 목적과 부합하는 정보가 있는지 판단하는 것이다. 따라서 글 내용에 목적에 맞는 정보가 있는지 확인하는 것은 ㉡에, 저자의 경력 정보를 확인하는 것은 ㉠에 관련된다고 할 수 있다.

06

정답 ①

정답 체크

1단계	선지를 볼 때, (나) 또는 (라)가 첫 번째 문장이다. 그런데 (라)의 문두에 '또한'이 없긴 하지만, 중간에 '또한'이 있다. 이를 볼 때, (라)를 첫 번째 문장으로 두기에는 적절하지 않다. 따라서 (나)가 첫 번째 문장이다. (라)는 (나)에 덧붙이는 특징이므로 (나) 뒤에 (라)가 이어지는 것이 자연스럽다.
2단계	(라)에서 복귀의 구조를 지닌다고 했고, (가)는 단절과 장애물로 천상계에 다가가는 것이 어렵다는 내용이다. 따라서 '그런데'로 시작하고 있는 (가)가 (라) 뒤에 어이지는 것이 자연스럽다.
3단계	(가)에서 장애물로 천상계에 다가가기 어렵다고 하였고, (다)에서는 극복하기 위해 다양한 방법을 모색한다고 하였다. 이는 인과의 접속 부사 '따라서'로 연결된다. 따라서 (가) 뒤에 (다)가 이어지는 것이 자연스럽다.

따라서 맥락에 맞춰 나열하면 '(나)-(라)-(가)-(다)'이다.

07

정답 ③

정답 체크

제시된 글에서는 '편리성, 경제성, 객관성' 등을 근거로 인공 지능 면접을 지지하는 주장을 펼치고 있다. 따라서 객관성보다 면접관의 생각이나 견해가 회사 생활에 맞는 인재를 선발하는 데 적합하다는 논지로 반박하는 것이 가장 적절하다.

오답 분석

①, ④ 글의 주장을 강화하는 근거이다.

② 글과 관련이 없는 내용이다. 따라서 반박의 근거로도 적절하지 않다.

08

정답 ④

정답 체크

빈칸 바로 앞 문장 "고전 발레의 중력 거부 경향은 몸의 자유로운 움직임과 표현을 구속하거나 무시하는 정형화된 형식을 점점 더 만들어 내기 시작했다." 부분을 고려할 때, 빈칸에 들어갈 '고전 발레'의 특징으로는 ④가 가장 적절하다.

오답 분석

④를 제외한 나머지는 '고전 발레'와 상반되는 특징을 지닌다.

09

정답 ①

정답 체크

ㄱ. "다만 인터넷상의 명예훼손행위는 그 특성상 해당 악플의 내용이 인터넷 곳곳에 퍼져 있을 수 있어 명예감정의 훼손 정도가 피해자의 정보 수집량에 좌우될 수 있다는 점을 간과해서는 안 될 것이다." 부분에서 명예감정의 훼손 정도가 피해자의 '정보 수집량'에 영향을 받는다고 하였다.

오답 분석

ㄴ. 글쓴이는 외적 명예와 내적 명예는 침해된 것이 아니고, 명예감정은 보호법익으로 보기 어렵다는 것을 이유로, 인터넷상의 명예훼손행위를 통상적 명예훼손행위에 비해 가중해서 처벌하는 것을 부정하고 있다.

ㄷ. 글쓴이는 자신에 대한 부정적 평가를 모을 필요가 없음에도 부지런히 수집·확인하여 명예감정의 훼손을 자초한 피해자에 대해 국가가 보호해 줄 필요성이 없다는 점에서 명예감정을 보호해야 할 법익으로 삼기 어렵다고 하였다.

10

정답 ③

정답 체크

근대 이전의 인간이 '유한성'에 대한 문제를 극복하기 위해 생각한 방법은 '피안의 세계를 만들어 내어 그에 의존하는' 것이었지 만물의 변화 자체를 부정한 것은 아니었다.

01	02	03	04	05
③	④	①	③	③
06	07	08	09	10
④	③	③	③	①

01

정답 ③

오답 분석

기존의 자판 배열 체계를 그대로 유지한다는 것은 업무 능률이 40%가 감소한다는 것을 의미한다. 다시 말해, 기존 자판 배열 체계를 그대로 따르려고 하는 인간의 감성을 존중하면 업무 능률이 향상되는 것이 아니라 오히려 저하된다. 따라서 ③과 같은 추론은 적절하지 않다.

02

정답 ④

정답 체크

1단계	첫 번째 문장과 (라)는 서로 상반되는 내용이다. 따라서 역접의 접속 조사 '그러나'로 시작하고 있는 (라)가 첫 번째 문장 뒤에 이어지는 것이 적절하다.
2단계	(라)에서 '감정이나 직감'도 중요한 역할을 담당한다는 내용이다. 따라서 '감정의 비중을 중시하는 방향'으로 변화하고 있다는 (나)가 그 뒤에 이어지는 것이 자연스럽다.
3단계	"'계산에서 감정으로의' 전환"은 (나)의 '변화'를 정리한 표현이다. 따라서 (나) 뒤에 (다)가 이어지는 것이 자연스럽다.
4단계	(가)의 '이러한 테마'는 앞에서 언급한 내용들이므로, 가장 나중에 오는 것이 자연스럽다.

따라서 맥락에 맞춰 나열하면 '(라)-(나)-(다)-(가)'이다.

03

정답 ①

정답 체크

기호로 표현하면 다음과 같다.

(가)	찬호 국대 → ~세리 국대	세리 국대 → ~찬호 국대
(나)	~흥민 국대 → ~지성 국대	지성 국대 → 흥민 국대
(다)		
결론	세리 국대 → 흥민 국대	~흥민 국대 → ~세리 국대

(다)에 '~ 찬호 국대 → 지성 국대'가 들어가야 '세리 국대 → ~찬호 국대 → 지성 국대 → 흥민 국대'라는 명제 조건이 성립하면서 '세리 국대 → 흥민 국대'라는 결론을 얻을 수 있다. 따라서 빈칸에는 '찬호가 국가대표가 아니라면 지성은 국가대표이다.'가 들어가야 한다.

04

정답 ③

정답 체크

3문단에서 "위상차 검출 방식은 상이 맺히는 이미지 센서가 직접 초점을 검출하지 않고 AF 센서에서 초점을 검출한다"고 하였으므로 적절하지 않다.

오답 분석

① 2문단에서 "대비 검출 방식은 촬영 렌즈를 통해 들어온 빛을 피사체의 상이 맺히는 이미지 센서로 바로 보"낸다고 하였으므로 적절하다.

② 2문단에서 "대비 검출 방식은 빛의 대비가 최대치가 되는 지점을 파악하기 위해 촬영 렌즈를 앞뒤로 반복적으로 움직"인다고 하였으므로 적절하다.

④ 3문단에서 위상차 검출 방식은 "주 반사 거울에서 반사된 빛은 뷰파인더로 보내져 촬영자가 피사체를 눈으로 확인할 수 있게 해준다."라고 하였으므로 적절하다.

05

정답 ③

정답 체크

수학의 법칙을 이용하여 수학 문제를 푸는 것은 의미 기억의 작용에 해당한다. 따라서 파킨슨병을 앓은 이후 B씨는 의미 기억의 인출에는 문제가 생기지 않은 것으로 볼 수 있다.

오답 분석

① A씨는 측두엽 내측의 해마를 절제했는데, 이로 인해 수술 후 있었던 일이나 만난 사람에 대한 기억이 형성되지 않았다. 수술 후 있었던 일이나 만난 사람에 대한 기억은 일화 기억에 해당하므로 해마는 일화 기억을 관장한다고 볼 수 있다.

② 수술 후 A씨는 수술 후 있었던 일이나 만난 사람에 대한 새로운 기억이 형성되지 않았으므로 서술 기억의 능력을 잃어버린 것으로 볼 수 있다. 하지만 그림 실력이 나날이 향상되었으므로 절차 기억의 능력은 잃지 않은 것으로 볼 수 있다.

④ B씨는 선조체의 도파민 분비 이상으로 인해 그 이전에는 쉽게 했던 젓가락질을 못하게 되었다. 젓가락질을 하는 방법은 절차 기억과 관련이 있으므로 선조체의 도파민 분비 이상은 절차 기억에 장애를 일으킨다고 할 수 있다.

06

정답 ④

정답 체크

J를 기준으로 했을 때, 관계를 정리하면 다음과 같다.

G(여동생)	J		R(언니)	B(오빠)
	F(아들)	D(딸)		

따라서 항상 참인 관계는 ④이다.

오답 분석

② R과 B가 남매인 것은 확인할 수 있지만, 둘의 순서를 확인하기는 어렵다.

07

정답 ③

정답 체크

1단계	첫 단락 "사람들은 신체적 특성, 능력 등이 다 다르다. 질 좋은 교육과 훈련을 받은 사람이 있는가 하면 그렇지 않은 사람도 있다."은 소득을 균등하게 분배되지 못하게 하는 여러 원인들이다. 따라서 '또'로 시작하는 (라)가 첫 단락 뒤에 연결되는 것이 적절하다.
2단계	(나)의 '이런 여러 원인'은 첫 단락과 (라)에 언급된 내용들이다. 따라서 (라) 뒤에 (나)가 오는 것이 자연스럽다.
3단계	앞의 내용은 소득 분배가 불균형하다는 내용이기 때문에, 그 상태로 둘 수 없다는 (가)의 내용이 역접의 접속 부사 '그러나'로 이어지는 것이 자연스럽다.
4단계	(다)는 '왜냐하면'으로 시작하고 있다. 이는 (가)의 '소득 분배가 불균등한 상태로 둘 수는 없다.'에 대한 이유에 해당한다. 따라서 (가) 뒤에 (다)가 오는 것이 자연스럽다.

따라서 맥락에 맞춰 나열하면 '(라)-(나)-(가)-(다)'이다.

08

정답 ③

정답 체크

ㄴ. 언어가 통일되어야 사회 통합이 이루어진다는 논리로 볼 때, 언어가 사고를 지배한다는 인식을 하고 있는 것으로 보아야 하므로, 사피어와도 같은 언어관과도 상통한다.

ㄷ. 제시된 글에서는 사회 통합을 위하여 피진과 크레올의 발생을 막기 위한 한국어 교육 정책을 시행해야 함을 주장하고 있다. 이는 곧 언어의 힘을 말하고 있는 훔볼트의 말과 언어관을 같이 하는 것으로 보아야 한다. 따라서 글쓴이의 주장을 강화한다.

오답 분석

ㄱ. 공자는 '소통' 자체만을 문제 삼고 있으므로, 사회 통합이라는 목적을 이야기하고 있는 글쓴이와는 서로 다른 언어관을 지닌 것으로 보아야 한다. 공자라면 피진이든 크레올이든 의미만 통하면 그만이라 생각할 가능성이 높다. 따라서 글쓴이의 주장을 강화하지 않는다.

09

정답 ③

정답 체크

1문단의 "그 크기가 다른 '동물'과 '호랑나비' 사이에서는 반의 관계가 성립하지 않는다." 부분을 볼 때, 적절하지 않은 이해이다.

오답 분석

①, ② 1문단의 "나머지는 다 공통되고 어느 한 가지 의미 특질만이 대립 관계를 이룰 때 반의 관계가 성립하는 것이다." 부분을 통해 알 수 있다.

④ 2문단의 내용을 통해 '중간 단계'가 있을 수도 있음을 알 수 있다.

10

정답 ①

정답 체크

'상용화'는 "물품이나 기술 따위가 일상적으로 쓰이게 됨."이라는 의미이다. 환경오염을 줄일 수 있는 자동차 중 상용화에 성공한 대표적 사례가 '하이브리드 자동차'라고 내용이 이어지는 것이 자연스럽다. 따라서 <보기>는 (가) 자리에 들어가는 것이 가장 적절하다.

01	02	03	04	05
④	④	②	①	④
06	07	08	09	10
④	②	②	②	①

01

정답 ④

정답 체크

1문단을 통해 신에 의해 우주가 운행된다는 믿음을 에피쿠로스는 잘못된 믿음이라고 보았다는 것을 알 수 있다. ㉠은 2문단의 신들이 인간사에 개입하지 않는다는 내용을 통해, ㉠이 인간이 신에 의해 우주가 운행된다는 잘못된 믿음에서 벗어날 수 있는 근거를 제공한다는 것을 알 수 있다.

오답 분석

① ㉠은 신이 인간사에 개입하지 않는다는 관점이다. 따라서 인간이 두려움을 가지는 이유를 제시한다고 볼 수 없다.

② 2문단을 통해 ㉠은 신에 의해 우주가 운행된다고 믿는 결정론적 세계관을 부정했음을 알 수 있다.

③ ㉠이 영혼과 육체의 관계를 어떻게 생각했는지는 글의 내용만으로는 알 수 없다.

02

정답 ④

정답 체크

기호로 표현하면 다음과 같다.

전제 1	아이돌 → TV	~TV → ~아이돌
전제 2		
결론	~작곡 → ~아이돌	아이돌 → 작곡

전제 1의 대우가 결론으로 연결되려면, 전제 2는 '~작곡 → ~TV'가 되어야 한다. 따라서 빈칸에는 '작곡을 하지 않는 사람은 TV 시청을 하지 않는다.'가 들어가는 것이 가장 적절하다.

03

정답 ②

정답 체크

제시된 글의 첫 번째 문장에서 "반대는 필수불가결한 것이다."라고 하였다. 또 뒷부분에서 균형이 존재하지 않으면 민주주의는 사라진다고 하였다. 따라서 제시된 글의 제목으로는 ②의 '반대의 필요성과 민주주의'가 가장 적절하다.

04

정답 ①

정답 체크

A기술의 특징은 전송된 하나의 신호가 다중 경로를 통해 안테나에 수신될 때, 전송된 신호들의 크기가 다르더라도 그중 신호의 크기가 큰 것을 선택하여 안정적인 송수신을 이루는 것이다. 따라서 한 종류의 액체는 전송된 하나의 '신호(㉠)'가 되고, 빨리 나오는 배수관은 다중 경로 중 크기가 큰 신호가 전송되는 '경로(㉡)'이다.

05

정답 ④

정답 체크

제시된 글에서 우주 비행사들이 지상으로 귀환하는 과정의 어려움을 제시한 다음, 러시아와 미국의 지상 귀환 방법을 비교하여 설명하고 있다. 즉 러시아는 낙하산으로, 미국은 우주 왕복선으로 귀환한다는 특징 등을 설명하고 있는 것이다. 그러나 이런 정보를 통해 어느 나라의 방법이 더 안전한지에 대해서는 알 수 없다.

06

정답 ④

정답 체크

빈칸 바로 다음 문장은 '따라서'로 시작하고 있다. 또 그 문장에서 "혜성 내부 구조의 물리적·화학적 성분들을 조사해 태양계의 형성 및 생명 탄생의 비밀을 풀 단서를 얻을 수 있을 것으로 기대하고 있다."라고 하였다. '태양계의 형성 및 생명 탄생의 비밀을 풀 단서를 얻을 수 있을 것'을 볼 때, 빈칸에는 ④가 들어가는 것이 가장 적절하다.

07

정답 체크

제시된 글의 진술을 정리하면 다음과 같다.

㉠	(착함∧똑똑함∧여자) → 인기
㉡	(똑똑함∧착함∧남자) → 인기
㉢	~(~인기∧멋진 남자) = 인기∨~멋진 남자
㉣	순이: ~멋짐∧똑똑함∧여자
㉤	철수: ~인기∧착함∧남자
㉥	(여자∨남자) → 사람

㉢에서 '~인기∧멋진 남자'인데, ㉤에서 '철수'는 '~인기'이다. 또한 ㉤에서 철수는 똑똑한 남자도 아니다. 따라서 철수는 멋진 남자도 아니고, 똑똑한 남자도 아니기 때문에 이는 반드시 거짓인 진술이다.

오답 분석

① ㉡의 대우는 '~인기 → (~똑똑함∨착함∨~남자)'이다. ㉤에서 '철수'는 '~인기'라고 했다. 따라서 거짓이 아니다.

③ ㉥을 볼 때 '여자'는 '사람'이다. ㉣에서 '순이'는 똑똑하지만 멋지지 않은 여자이다. 따라서 똑똑하지만 멋지지 않은 사람이 있다.

④ ㉠의 대우는 '~인기 → (~착함∨~똑똑함∨~여자)'가 된다. ㉠의 대우를 대전제로, 선지의 조건 '순이 → ~인기'를 소전제로 하여 삼단논법에 의해 '순이→ ~착함'이라는 결론을 도출할 수 있다.

08

정답 체크

2문단의 "하지만 중국 범종은 종신의 중앙 부분에 비해 종구가 나팔처럼 벌어져 있는 반면, 한국 범종은 종구가 항아리처럼 오므라져 있다." 부분을 통해 알 수 있다.

오답 분석

① 1문단에서 "신라 범종으로는 상원사 동종, 성덕대왕 신종, 용주사 범종이 있으며 모두 국보로 지정되어 있다."라고 하였다. 따라서 최소 3개 이상이 국보로 지정되어 있음을 알 수 있다.

③ 3문단의 내용을 통해 알 수 있다.

④ 4문단의 내용을 볼 때, 한국 범종은 종신 꼭대기에 있는 음통관을 거쳐 나온 소리와 땅을 거쳐 나오는 소리가 조화를 이루면서 만들어진다. 따라서 한국 범종의 범주에 속하는 '성덕대왕 신종'도 이와 같은 특징을 가졌을 것이라 짐작할 수 있다.

09

정답 체크

1단계	(나)의 '이 정당'은 첫 번째 문단의 '미국의 인민당'이다. 따라서 (나)가 첫 번째 문장 뒤에 이어지는 것이 자연스럽다.
2단계	'(나)-(다)-(가)'는 시간 순서대로 연결되어 있기 때문에, 그 순서대로 연결하는 것이 적절하다.
3단계	(라)는 앞서 설명한 고전적 포퓰리즘과 현대적 의미의 포퓰리즘을 비교하고 있다. 따라서 가장 나중에 오는 것이 적절하다.

따라서 맥락에 맞춰 나열하면 '(나)-(다)-(가)-(라)'이다.

10

정답 체크

ㄱ. 제시된 글에서 공정성에 대한 논의는 우리 사회에서 정의란 무엇인가에 대한 문제와도 직결되기 때문에 중요하다고 하였다.

ㄴ. 제시된 글에서 공정한 태도는 사적인 감정이나 편견에 치우치지 않는 것이라고 하였다. 따라서 개인의 주관에 의해 편파적인 판단을 내리거나 행동하는 것은 공정성을 해치는 것으로 볼 수 있다.

오답 분석

ㄷ. 제시된 글에 따르면 공정성은 공평하고 올바른 성질로, 사적인 감정이나 편견에 치우치지 않고 모든 사람에게 공평한 기회를 주고 동일한 규칙에 따라 대해야 공정한 태도를 가진다고 하였다. 따라서 개인의 능력에 따라 기회를 제공한다는 것은 공정성과는 거리가 멀다.

01	02	03	04	05
①	①	③	①	④
06	07	08	09	10
②	④	④	③	④

01

정답 ①

정답 체크

1단계	(라)의 '이들은'은 (나)에 있는 '망아지', '송아지', '강아지'이다. 따라서 (나) 뒤에 (라)가 오는 것이 적절하다.
2단계	(가)와 (다)에는 공통적으로 '돼지'가 등장한다. 흐름상 전환의 접속 부사 '그런데'가 있는 (가)가 앞에, 그 뒤에 (다)가 오는 것이 적절하다.

따라서 맥락에 맞춰 나열하면 '(나)-(라)-(가)-(다)'이다.

02

정답 ①

정답 체크

기호로 표현하면 다음과 같다.

(가)	대한민국 → 국내 여행	~국내 여행 → ~대한민국
(나)	~김치 → ~국내 여행	국내여행 → 김치

'(가)'와 '(나)의 대우'를 연결하면 '대한민국 → 국내 여행 → 김치'이다. 따라서 결론인 빈칸에는 '대한민국에 사는 사람은 김치를 먹는다.'가 들어가는 것이 가장 적절하다.

03

정답 ③

정답 체크

1문단과 3문단을 볼 때, 아들러가 본능적 욕구와 성 충동 자체를 부정한 것으로 보기는 어렵다. 다만 그것보다 '더 큰 영향'을 미치는 요소(사회적 관계)가 있고, '중시'하는 것(자아의 욕구나 성격 경향)이 달랐을 뿐이다.

오답 분석

① 3문단을 보면 프로이트는 과거의 경험이, 아들러는 목적이 어떤 사람의 현재의 모습을 규정한다고 보았다.

② 2문단을 보면 아들러는 우월감에 대한 욕구가 인간을 움직이는 최대의 동기라고 보았다.

④ 1문단을 보면 인간의 성격 형성에 더 큰 영향을 미치는 요소로 프로이트는 본능적 욕구를, 아들러는 사회적 관계를 꼽았다.

04

정답 ①

정답 체크

제시된 글에서 젊은 선비는 배를 타고 강을 건너는 동안 자신의 학식을 뽐내며 학문을 배우지 못한 사공의 무식함을 조롱한다. 하지만 사공은 젊은 선비에게 헤엄을 칠 줄 아느냐고 반문함으로써 정작 중요한 것이 무엇인지 일깨워 그의 콧대를 꺾어 놓는다. 따라서 제시된 글을 통해 추론할 수 있는 교훈은 학식을 자랑하는 허식을 버리고 본질적으로 중요한 것이 무엇인지 알아야 한다는 것이다.

05

정답 ④

정답 체크

체온 조절 중추는 인체가 일정한 온도에서 벗어나게 되면 그 온도로 다시 돌아가도록 작용을 하여 체온을 유지하게 한다. 실내 온도가 희망 온도보다 낮아지면 따뜻한 바람을 내보내고, 희망 온도보다 높아지면 차가운 바람을 내보내는 에어컨은 특정 온도에서 벗어날 때 그 온도로 돌아가도록 작동하므로 체온 조절 중추와 유사한 역할을 하는 것으로 볼 수 있다.

06

정답 ②

정답 체크

글쓴이는 1문단에서 "다문화 사회란 문화적 다양성과 차이를 인정하는 것인데도 우리나라 사람들은 외국인들에게 우리 문화를 일방적으로 강요하는 경우가 많다."는 현 상황에 대해 비판하고 있다. 또 2문단에서 외국인이라서 소외시키는 경우가 있다고 말하고 있다. 따라서 빈칸에는 '이제는 외국인에 대한 잘못된 의식을 바꾸어야 할 시점이다.'가 들어가는 것이 가장 적절하다.

07

정답 체크

(가)에 주어진 자료는 충분한 연구와 적절한 지침이 갖춰지지 않은 질병 코드화는 과잉 의료의 부작용을 유발할 수 있다는 내용을 담고 있다. 따라서 이를 활용하면 게임의 특성을 고려한 적절한 의료 지침이 마련되어 있지 않은 상황에서 도입되는 질병 코드화가 과잉 진료로 인한 낙인 효과의 문제를 야기할 것이라는 점을 들어 (나)를 반박할 수 있다.

오답 분석

① (가)에서 질병 코드화에 따른 과잉 진료의 부작용을 문제화하였으므로 보건 의료적인 접근 내에서 반박이 이루어져야 한다.

② 제도적인 지원 방안을 마련해야 한다는 주장은 게임 이용 장애의 질병 코드화와 게임 산업이 상생할 수 있다는 (나)의 입장을 오히려 지지하는 관점으로 볼 수 있다. 또한 게임 산업에 대한 제도적인 지원 방안이 필요하다는 것은 (가)의 내용과도 관련이 없다.

③ (가)에서 과잉 진료로 인해 부작용이 발생했던 과거 경험이 언급되지 않았기 때문에 (가)에서 근거를 찾은 것으로 볼 수 없다.

08

정답 ④

정답 체크

서구의 전통적인 인식론에서 지식을 정당화된 참인 믿음이라고 규정하였다. 이를 <보기>에 적용하면, 실제 교실의 분필 개수가 13개이어야 하고, 인식 주체 S가 교실의 분필 개수가 13개임을 믿고, 그것을 믿게 된 정당한 이유나 근거를 지니고 있어야만 S가 명제 P가 참임을 안다고 할 수 있다. S가 교실 분필 개수가 13개 있을 것이라고 짐작만 한 것으로는 정당한 이유나 근거를 지니고 있다고 할 수 없다. 이 경우는 어쩌다 참인 믿음을 가진 것이다. 따라서 S가 P를 안다고 할 수 없다.

09

정답 ③

정답 체크

1문단에 매년 호조에서 그 해의 풍흉을 참작하여 연분사목을 작성해 각 도에 내려 보냈다는 언급이 있다. 이를 볼 때 연분사목이 효율적인 조세 징수를 위한 것인지 확인하기 힘들고, 상향식 과정으로 이루어졌다고 볼 수 없다.

오답 분석

① 1문단에서 매년 호조에서 그 해의 풍흉을 참작하여 연분사목을 작성해 각 도에 내려 보냈다고 했으므로 적절하다.

② 2문단에서 매년 호조에서 그 해의 농사 상황을 참고하여 비총을 결정하고 이를 바탕으로 연분사목을 작성한 다음에 각 군현에 사목을 반포해서 급재결을 할당했다는 언급이 있으므로 적절하다.

④ 1문단에서 해마다 자연 재해와 그에 따른 풍흉을 참작하여 연분사목을 작성하고 이를 토대로 급재결과 실결을 조사한다고 했으므로 적절하다.

10

정답 ④

정답 체크

ㄱ. 2문단에서 갈릴레이는 음높이를 1옥타브 높이려면 현의 길이를 1/2로 만들거나 장력을 4배로 혹은 현의 굵기를 1/4로 만들어야 한다고 했다. 이것은 갈릴레이가 현의 길이, 현의 장력, 현의 굵기 등이 모두 음높이에 영향을 준다는 것을 인지하고 있었기 때문이다.

ㄴ. 2문단에서 과학 혁명 시기에 갈릴레이는 협화음의 단순한 진동수의 비가 사람의 미적 감각에 상응한다는 것을 입증하기 위해 진자 운동을 통해 그것을 가시화하는 실험을 하였다고 하였다.

ㄷ. 1문단에서 케플러는 원에 내접하는 정다각형들에 의해 분할되는 호와 원주 사이의 관계에서 협화음의 기하학적 비례를 찾아냈다고 하였다.

01	02	03	04	05
②	④	④	④	③
06	07	08	09	10
③	①	④	②	④

01

정답 ②

정답 체크

1문단에서, 우주의 근원이 무엇인가에 관심을 가진 탈레스는 물질세계를 설명하는 원리를 물질 자체에서 찾았는데, 이것은 이전 시대의 자연관과 다른 관점이라고 하였다. 또 2문단에서 탈레스는 일식을 정확하게 예견했고, 천둥이나 우레, 번개와 같은 기후 현상이나 달이 차고 이지러지는 것, 계절의 변화, 천체의 운동이 모두 인간의 이성으로 파악할 수 있는 객관적 사실로 파악했다고 하였다. 탈레스는 이 모든 것을 신들의 조화로 여기지 않고 인간의 논리적 사고를 바탕으로 한 과학적 태도에 의해 파악하였다는 것이다. 여기서 신들의 조화란 초자연적인 힘의 활동이나 개입을 의미한다. 따라서 ㉠은 '세계의 모든 현상들은 초자연적인 힘의 개입으로 설명할 수 있다.'이다.

02

정답 ④

정답 체크

빈칸 바로 앞의 "'아바타'와 같은 디지털 이미지를 통해 자신의 모습을 표현하는 것, 과장된 행동이나 극단적인 일탈 행동 등" 부분을 볼 때, 빈칸에는 여러 가지 모습을 가진다는 내용이 들어가야 한다. 따라서 빈칸에는 '마음이 하나의 고정된 모습을 갖지 않는다는 것'이 들어가는 것이 가장 적절하다.

오답 분석

① '자아실현'은 제시된 글의 내용과는 관련이 없다.

② "과장된 행동이나 극단적인 일탈 행동"은 현실의 정체성과 비슷하다고 보기 어렵다.

③ "'아바타'와 같은 디지털 이미지를 통해 자신의 모습을 표현하는 것"을 볼 때, 완전히 상반된다는 내용이 빈칸에 들어가는 것은 적절하지 않다.

03

정답 ④

정답 체크

사우나에서 흘리는 땀이 더 짠 이유는 운동 상황에 대응하려는 적응 과정이 효율적으로 이뤄지지 않기 때문이지 체내에서 열을 만들기 때문이 아니다.

오답 분석

① 1문단의 "땀은 오줌과 마찬가지로 몸속에서 생긴 노폐물을 몸 밖으로 배설하는 것인데" 부분을 통해 알 수 있다.

② 1문단의 "땀은 99%가 물이고, 나머지는 소금과 약간의 노폐물로 구성되어 있다." 부분을 통해 알 수 있다.

③ 2문단의 "사우나에서 흘리는 땀과 운동을 해서 흘리는 땀은 배출 과정은 물론이고, 그 성분까지도 다르다." 부분을 통해 알 수 있다.

04

정답 ④

정답 체크

제시된 문장을 기호로 표현하면 다음과 같다.

음식을 요리하는 사람은 설거지를 하지 않는다.	요리 → ~설거지	설거지 → ~요리
주문을 받는 사람은 음식 서빙을 함께 담당한다.	주문 → 서빙	~서빙 → ~주문
음식 서빙을 담당하는 사람은 요리를 하지 않는다.	서빙 → ~요리	요리 → ~서빙
음식 서빙을 담당하는 사람은 설거지를 한다.	서빙 → 설거지	~설거지 → ~서빙

이를 정리하면 '요리 → ~설거지 → ~서빙 → ~주문'이다.

따라서 결론에는 '설거지를 하지 않으면 음식 주문도 받지 않는다.'가 들어가는 것이 가장 적절하다.

05

정답 ③

정답 체크

2문단에서 추상 회화를 이해하지 못하겠다고 말하는 것은 "그림 자체의 아름다움에는 관심을 기울이지 않은 채 그림에서 상징적인 의미를 찾으려 하기 때문이다."라고 하였다. 따라서 ㉠의 의미는 그림의 상징적인 의미보다는 그림 자체의 아름다움에 주목하라는 것이다.

06

정답 체크

<보기>는 유명한 모차르트와 살리에리의 관계를 다룬 이야기이다. 살리에리의 모차르트에 대한 시기심은 야심, 분노와 공격성, 낙담 등의 다양한 양태로 변해가며 표출되고 있는데, 모차르트가 살리에리의 약점을 부각시켰다는 내용은 제시되어 있지 않다.

오답 분석

① '살리에리는 모차르트에게 장송곡을 의뢰함으로써 그의 심신이 망가지기를 바라는 마음을 지니고 있었다.

② 살리에리는 시기하는 대상과 어떤 방법으로든 경쟁을 하려고 할 때 생긴다. 실력으로 안 되겠다고 판단한 살리에리는 다른 방법으로라도 모차르트를 이겨보려는 야심을 드러낸 것이다.

④ 살리에리가 자신은 결코 모차르트를 이길 수 없을 것이라고 여기며 그의 천재성과 자신의 평범성을 받아들인 것은 낙담의 과정을 보여주는 것이다.

07

정답 ①

정답 체크

1단계	(나)는 '중국 철학'의 특징이다. "또 하나의 특징"이라는 말을 볼 때, (나)가 중국 철학의 특징을 제시한 첫 번째 문단의 끝 부분에 이어지는 것이 적절하다.
2단계	(다)의 '이'는 (나)의 '실용 정신'이다. 따라서 (나) 뒤에 (다)가 이어지는 것이 적절하다.
3단계	(가)의 '이런 이유'는 (다)에 제시되어 있다. 또 (가)에서 '실천 사상이 바탕이 된 학문'은 마지막 단락에 구체적으로 제시되어 있다. 따라서 (가)가 가장 나중에 오는 것이 적절하다.

따라서 맥락에 맞춰 나열하면 '(나)-(다)-(가)'이다.

08

정답 ④

정답 체크

코닥 필름 회사는 자신들이 지니고 있던 필름 시장에 대해 손해를 입을까봐 디지털 카메라를 개발해 놓고도 그 마케팅이나 홍보에 적절한 태도를 취하지 못했다. 결국은 후지 등의 회사가 디지털 시장을 모두 차지하는 상황에 이르게 되고 결국 코닥은 파산하게 되었다. 따라서 이는 ㉠의 사례로 볼 수 있다.

09

정답 ②

정답 체크

3문단의 내용을 볼 때, '유음화'와 '비음화' 모두 자음과 자음이 만날 때 음운이 변동하는 현상이다.

오답 분석

① 3문단의 "한 형태소 내에서나 '홑이불'과 같이 합성어 안에서는 구개음화가 일어나지 않는다." 부분을 통해 알 수 있다.

③ 마지막 단락의 내용을 통해 알 수 있다.

④ 2문단의 "그런데 음절의 끝소리 규칙의 적용 여부는 해당 음절 뒤에 어떤 형태소가 결합하느냐에 따라 달라진다." 부분을 통해 알 수 있다.

10

정답 ④

정답 체크

(라)는 철학적 물음의 세 번째 특징인 학문성에 대해 서술하는 문단이다. 철학적 질문이 학문성이라는 특성을 지님으로써 신화나 종교와 구별된다는 논지이다. 따라서 포괄성과 적중성, 학문성 사이의 공통점과 차이점에 대해 서술하고 있다고 파악한 것은 적절하지 않다.

오답 분석

① 물음을 철학의 핵심으로 삼았던 하이데거, 사르트르, 코레트를 열거하고 있기 때문에 적절하다.

② 철학적 물음은 모든 것을 부정하는 것이며, 그 부정에는 자유와 해방이 들어있다는 서술이 있다. 그것을 '철학적 질문에 내재한 의미'로 볼 수 있다.

③ 철학적 물음의 특성 두 가지, 포괄성과 적중성(해당성)에 대해 서술하고 있는 문단이다.

01	02	03	04	05
④	③	②	②	③
06	07	08	09	10
④	④	④	①	③

01

정답 ④

정답 체크

1문단의 "우울증이 그 사람의 능력에 영향을 끼치지는 않는다. 우울증은 단지 기분이나 감정의 문제이다." 부분을 볼 때, 적절하지 않은 이해이다.

오답 분석

① 4문단의 "현재 뇌의 신경 전달 물질인 노어에피네프린, 세로토닌 등이 우울증과 밀접한 관련이 있는 것으로 알려져 있다." 부분을 통해 알 수 있다.

② 4문단의 "그 외에도 심리적인 치료의 방법으로 인지-행동 치료나, 역할 놀이 등이 있다." 부분을 통해 알 수 있다.

③ 2문단의 "이러한 우울증은 열등감, 의기소침, 식욕 감퇴 등의 증상과 함께 나타나기도 한다." 부분을 통해 알 수 있다.

02

정답 ③

정답 체크

주어진 정보를 기호로 표현하면 다음과 같다.

(가)	~공부 → ~시험	시험 → 공부
(나)		
결론	~공부 → ~성적	성적 → 공부

결론이 '~공부 → ~성적'이기 때문에, '시험'과 '성적' 사이의 관계가 (나)에 들어가야 한다.

따라서 (나)에는 '~시험 → ~성적' 또는 '성적 → 시험'이 들어가야 한다.

03

정답 ②

정답 체크

제시된 글에서 '소년'을 '[+인간][+남성][−성인]'으로 성분 분석을 하고, '소녀'는 '[+인간][−남성][−성인]'으로 성분 분석한다고 하였다. '소년'은 '인간', '남성'에 포함되며, '성인'에 포함되지 않는다. 그리고 '소녀'도 '인간', '여성'에 포함되며, '성인'에 포함되지 않는다. 즉 의미 성분이 '소년'과 '소녀'의 상위 계층에 속하는 단어들인 것이다. 이를 통해 하위 계층의 단어는 상위 계층의 단어의 의미를 포함하고 있음을 추론할 수 있다.

오답 분석

① 동일한 단어들로 여러 종류의 어휘장을 구성할 수 없다.

③ '소년'과 '소녀'는 공통적으로 '인간'이라는 의미 성분을 포함하고 있다.

④ '소년'과 '소녀'는 '인간', '미성인'이라는 동일한 의미 성분을 가지고 있어 '미성인'이라는 부분장에 함께 속할 수 있다

04

정답 ②

정답 체크

제시된 문장을 기호로 표현하면 다음과 같다.

아메리카노는 카페라테보다 많이 팔린다.	아 > 카
유자차는 레모네이드보다 덜 팔린다.	레 > 유
카페라테는 레모네이드보다 많이 팔리지만, 녹차보다는 덜 팔린다.	카 > 레, 녹 > 카
녹차는 스무디보다 덜 팔리지만, 아메리카노보다 많이 팔린다.	스 > 녹, 녹 > 아

이를 정리하면 '스 > 녹 > 아 > 카 > 레 > 유'이다.

따라서 '가장 많이 팔리는 음료는 스무디이다.'는 타당한 결론이다.

05

정답 ③

정답 체크

제시된 글에서 보험에 가입하고 난 후 몇 년이 지난 후에 보험회사에서 더 좋은 보험이 나왔다며 계약 전환을 제안하는 경우가 있는데, 이에 대하여 글쓴이는 새로운 계약 건수를 늘리기 위한 방편일 수 있다고 부정적인 입장을 밝히고 있다. 따라서 계약 전환 연락에 대해 긍정적으로 검토해야겠다는 반응은 적절하지 않다.

06

정답 체크

1단계	첫 번째 문장은 '문제'로 끝나고 있는데, 이 '문제'는 (라)의 '이 문제'와 이어진다. 따라서 (라)가 가장 앞에 오는 것이 자연스럽다.
2단계	(라)에서 '판도라'라는 행성을 찾는다고 하였다. (나)도 '판도라'로 시작하고 있기 때문에 (라) 뒤에 (나)가 이어지는 것이 자연스럽다.
3단계	'(라)-(나)-(다)'는 영화의 줄거리에 대한 내용이다. 한편, (가)는 관객들이 영화에 빠진 이유이다. 따라서 '(라)-(나)-(다)' 뒤에 (가)가 이어지는 것이 자연스럽다.

따라서 맥락에 맞춰 나열하면 '(라)-(나)-(다)-(가)'이다.

07

정답 ④

정답 체크

㉠	바로 앞 문장에 제시된 "피부색, 얼굴형, 머리카락 심지어 체형"들은 모두 '외형적' 특성이다. 따라서 ㉠에는 '외형적'이 어울린다.
㉡	바로 다음 문장은 "이 유전자는"으로 시작하고 있다. 지시어를 볼 때, 바로 앞 문장에서 '유전자'를 다루고 있음을 추론할 수 있다. 따라서 ㉡에는 '유전자'가 어울린다.
㉢	첫 번째 문장에서 "대부분의 자식은 부모의 피부색, 얼굴형, 머리카락 심지어 체형 등을 닮는다."라고 하였다. '닮는다'와 의미가 비슷한 말은 '비슷하다'이다. 따라서 ㉢에는 '비슷한'이 어울린다.

따라서 들어갈 말을 적절하게 나열한 것은 ④이다.

08

정답 ④

정답 체크

ㄱ. 2문단에서 장애우를 둔 가장의 사례를 언급하는 내용에서 확인할 수 있다.

ㄴ. 2문단에서 백일장을 예로 들어 설명하는 내용에서 확인할 수 있다.

ㄷ. 1문단의 내용을 통해 확인할 수 있다.

09

정답 ①

정답 체크

국민 참여 재판의 핵심은 국민이 직접 재판에 참여하는 것인데, 이는 전문인들로만 진행되는 재판에서 발생될 수 있는 부조리한 면들을 제거함으로써 올바른 판결을 이끌어 내어 재판의 공정성을 확보하고자 하는 것이다.

10

정답 ③

정답 체크

ㄴ. 3문단에서 "하지만 쾌락주의자들의 주장에 따르면 위의 인과적 연쇄에 음식에 대한 욕구의 원인인 쾌락에 대한 욕구를 추가해야 한다."라고 하였다. 즉 '쾌락에 대한 욕구 → 음식에 대한 욕구 → 먹는 행동'이라는 의미이다. 그런데 맛없는 음식보다 맛있는 음식을 욕구하는 것은 맛있는 음식을 먹어 얻게 될 쾌락에 대한 욕구가 맛없는 음식을 먹어 얻게 될 쾌락에 대한 욕구보다 강하기 때문이다.'는 '쾌락에 대한 욕구'가 원인이 되어 '음식에 대한 욕구'가 발생한다는 것을 의미한다. 따라서 ㉠을 강화한다.

ㄷ. 1문단에서 "쾌락주의자들은 우리가 쾌락을 욕구하고, 이것이 우리 행동의 원인이 된다고 주장한다."라고 하였다. 그런데 '외적 대상에 대한 욕구는 다른 것에 의해서 야기되지 않고 그저 주어진 것일 뿐이다.'는 외적 대상에 욕구는 쾌락에 의한 욕구에 의해 발생된 것이 아니라는 의미이다. 따라서 ㉠의 주장을 약화한다.

오답 분석

ㄱ. 3문단과 4문단에서 "하지만 쾌락주의자들의 주장에 따르면 위의 인과적 연쇄에 음식에 대한 욕구의 원인인 쾌락에 대한 욕구를 추가해야 한다. / 사람들이 음식을 원하는 이유는 그들이 쾌락을 욕구하기 때문이다."라고 하였다. 그런데 '어떤 욕구도 또 다른 욕구의 원인일 수 없다.'는 '쾌락에 대한 욕구'는 음식에 대한 욕구의 원이 될 수 없다는 의미이다. 따라서 쾌락주의자들의 주장을 반박하기 때문에, ㉠의 주장을 약화한다.

01	02	03	04	05
③	①	②	②	②
06	07	08	09	10
①	②	④	③	①

01
정답 ③

정답 체크

제시된 글을 통해 '집중력 향상을 위해 이질적인 내용을 묶어 동시에 학습하는 것이 좋다.'는 내용은 유추하기 어렵다.

"세찬 비바람에 넘어간 벼는 다른 벼들과 함께 묶어서 세워 주어야 한다."는 '학습에 어려움이 발생했을 때 주변의 도움을 구하는 것도 좋은 방법이다.', 또는 '학습에 어려움이 발생했을 때 이를 해결할 수 있는 적절한 방안을 강구하고 실천해야 한다.' 정도의 내용으로만 연상될 수 있다.

오답 분석

① 논에 모를 심을 때 "모를 심는 이앙기를 이용하면 작업을 쉽고 빠르게 할 수 있다." 부분을 통해 유추할 수 있다.

② "병충해 방지·잡초 제거 등의 활동을 지속적으로 해준다." 부분을 통해 유추할 수 있다.

④ 제시된 글에서는 계절별로 수행해야 할 농사일의 과정을 언급하고 있다. 그리고 이러한 농사일이 꾸준하게 이루어질 때 좋은 결과가 나오리라는 점을 유추할 수 있다.

02
정답 ①

정답 체크

마지막 문장 "이런 인간에게 개미처럼 전체 사회를 위해 자신을 희생해야 한다고 강요한다면 그것이 진정한 인간의 사회라고 할 수 있을까?"를 볼 때, 글쓴이는 개미 사회의 전체성과 같은 행태가 인간 사회에 일어나는 것에 대해 부정적인 시각을 드러내고 있다. 따라서 뒤에 이어질 내용으로는 각 개인이 지니고 있는 개성을 소중히 여겨야 한다는 것이 와야 한다.

03
정답 ②

정답 체크

(가)와 (나)를 기호로 표현하면 다음과 같다.

(가)	여행 → 사진	~사진 → ~여행
(나)	~비행기 → ~사진	사진 → 비행기

(가)와 (나)를 통해 '여행 → 사진 → 비행기'의 관계를 확인할 수 있다. 따라서 결론으로는 '여행을 좋아하면 비행기 타는 것을 좋아한다.'가 가장 적절하다.

04
정답 ②

정답 체크

제시된 문장을 기호로 표현하면 다음과 같다.

전제 1.	~건강 → ~종합비타민	종합비타민 → 건강
전제 2.	건강 → 규칙적 운동	~규칙적 운동 → ~건강
결론	A → ~종합비타민	

전제를 통해 '종합비타민 → 건강 → 규칙적 운동(= ~규칙적 운동 → ~건강 → ~종합비타민)'의 관계를 확인할 수 있다. 결론이 'A → ~종합비타민'이므로, 추가해야 할 전제는 'A는 규칙적으로 운동을 하지 않는다.'이다.

05
정답 ②

정답 체크

㉠의 바로 다음 문장에서 실학자들은 고대 유교 경전은 인간의 본원적 상태에 대한 철학적 인식과 국가 제도나 규범의 운용에 대한 시사를 담고 있다고 보았다. 이는 실학자들이 유교 경전을 연구하면 새로운 시대에 맞는 철학 체계와, 개혁의 방향 등에 대한 시사점을 얻을 수 있다고 보았다는 것이다. 따라서 ㉠의 이유는 '고대 유교 경전에는 새로운 철학 체계와 개혁의 지침이 담겨 있다고 보았기 때문에'이다.

06 정답 ①

정답 체크
2문단에서 임금을 결정하는 중요한 요소로 노동생산성과 생계비를 들고 있다. 임금 상승률이 노동생산성 증가율보다 높을 경우에는 여러 가지 부작용을 야기할 수 있으며, 임금 수준이 생계비에 미치지 못할 경우에도 문제를 야기할 수 있다. 따라서 임금이 결정되는 바람직한 방향은 노동생산성 범위 내에서 생계비를 충당할 수 있는 수준이 적절하다.

오답 분석
④ 생산성을 향상시키는 것뿐만 아니라 생계비 상승을 일정 수준으로 유지하는 것이 필요하다고 했으므로 적절하지 않다.

07 정답 ②

정답 체크
1문단에서 "16세기 무렵 멕시코에 원정을 다녀온 스페인 사람이 현지 상황을 기록한 내용을 보면, 카카오 열매는 피로 회복 음료나 영양제를 만드는 데 이용되기도 했다는 기록이 나온다."라고 하였다. 이는 스페인 사람이 원정을 다녀온 현지, 즉 멕시코의 상황을 기록한 내용이다. 따라서 카카오 열매가 유럽에 전해져 피로 회복 음료나 영양제를 만드는 데 이용되기도 했다는 이해는 적절하지 않다.

오답 분석
① 1문단의 "초콜릿은 멕시코 원주민들이 카카오 콩으로 만든 자극적인 음료인 '초콜라틀'에서 유래한 것이다." 부분을 통해 알 수 있다.
③ 3문단의 "1828년 네덜란드의 한 식품 기술자가 카카오 콩을 압착하여 지방을 뽑는 기술로 코코아 버터를 만드는 데 성공했기 때문이다. 이로 인해 초콜릿이 음료가 아닌 크림 형태로 변신하게 되었고" 부분을 통해 알 수 있다.
④ 3문단의 "영국에서는 틀에 부어서 모양을 내는 판형 초콜릿이 처음으로 등장하게 되었다." 부분을 통해 알 수 있다.

08 정답 ④

정답 체크
(라)는 계열 위치 곡선에서 기억의 회상률이 다르게 나타나는 것을 순행 및 역행 간섭으로 설명하고 있다. 따라서 (라)는 '계열 위치 곡선의 한계'라는 내용을 중심 화제로 다루고 있지 않다.

※ (라)의 중심 화제는 '간섭 이론으로 설명이 가능한 계열 위치 곡선'이다.

09 정답 ③

정답 체크
<보기>에 따르면 자동차 엔진이 운전자와 반대쪽에 있다. 따라서 운전자와 엔진이 서로 균형 있게 무게를 배분하고 있으므로 고속에서 쏠림 현상은 최대로 완화된다.

오답 분석
①, ② 운전자 발의 밑에 있는 가속 페달과 변속기의 거리가 가까워지므로 반응성이 빠르다. 이는 곧 가속 페달을 밟았을 때 차가 신속히 출발하는 것을 말한다.
④ 정면 충돌했을 경우에는 엔진룸이 오른쪽에 있으므로 이로 인한 상해는 다소 덜하게 된다.

10 정답 ①

정답 체크
3문단에서 "물고기는 몸의 측면을 통해 물의 흐름과 같은 신호를 감지할 수 있기 때문에 전후좌우와 상하 모든 방향의 정보를 수집하여 거리를 유지할 수 있다."라고 하였다. 따라서 물고기 무리는 후면에서 발생한 신호에도 민감하게 반응할 것이라는 추론이 가능하다.

01	02	03	04	05
④	④	①	②	④
06	07	08	09	10
④	③	②	②	①

01
정답 ④

정답 체크

㉠	"자신이 그 일을 싫어하지 않는다고 자신에게 확신시킴으로써 인지부조화를 감소시키는 것이다." 부분을 볼 때, '즐거운 것'이라고 믿어 보라는 조언(ⓒ)과 연결하는 것이 적절하다.
㉡	"새로운 정보를 얻음" 부분을 볼 때, '증거'를 찾아보라는 조언(ⓐ)과 연결하는 것이 적절하다.
㉢	"세월이 지나 의학이 발달하면 폐암을 고칠 수 있다고 믿는 것이다." 부분을 볼 때, 시간이 지나면 저절로 해결될 것이라는 조언(ⓑ)과 연결하는 것이 적절하다.

따라서 연결이 모두 바른 것은 ④이다.

02
정답 ④

정답 체크

1단계	첫 번째 문단에 제시된 '의외의 현상'이 바로 '역고드름'이다. 따라서 (라)가 가장 앞에 오는 것이 적절하다.
2단계	(나)와 (가)의 '이 현상'은 (라)의 '역고드름'이다. 그런데 (가)는 '연구 논문'이 나왔다는 내용이기 때문에, 마지막 문단과 연결이 된다. 따라서 (라) 뒤에는 (나)가 이어지는 것이 적절하다.
3단계	과학자들의 호기심을 끌었기 때문에, 과학 논문이 나왔을 것이다. 즉 (다)와 (가)는 인과 관계를 가지기 때문에 (다) 뒤에 (가)가 이어지는 것이 적절하다.

따라서 맥락에 맞춰 나열하면 '(라)-(나)-(다)-(가)'이다.

03
정답 ①

정답 체크

마지막 문장 "표기법이 그 문화의 특성과 유리될 수 없는 사회적 현상임을 고려할 때, 인터넷 글쓰기에서 나타나는 표기법을 규범에 어긋난 현상이라고 비판만 할 수는 없지 않은가?" 부분을 볼 때, 글쓴이는 컴퓨터의 출현으로 생겨난 새로운 글쓰기 현상을 규범을 어긴 현상이라고만 파악해서는 안 된다는 생각을 지니고 있음을 알 수 있다. 따라서 글쓴이는 언어는 그 문화의 특성과 유리될 수 없는 사회적 현상임을 감안해야 한다는 것을 전제하고 있음을 알 수 있다.

04
정답 ②

정답 체크

첫 번째 문장에서 "판소리의 창자(唱者)는 어조와 말투를 바꿈으로써 여러 인물의 특징을 효과적으로 표현해 낸다."라고 하였다. 이는 모두 창자가 만들어내는 '요소'들에 해당한다. 따라서 빈칸에는 '창자가 만들어 내는 다양한 요소'가 들어가는 것이 가장 적절하다.

05
정답 ④

정답 체크

제시된 문장을 기호로 표현하면 다음과 같다.

전제 1.	질투심 多 → 마음 苦	~마음 苦 → ~질투심 多
전제 2.	약물 依 → 가족 遠	~가족 遠 → ~약물 依
결론	질투심 多 → 가족 遠	

전제를 통해 결론을 이끌어내기 위해서는 '마음 苦 → 약물 依(= ~약물 依 → ~마음 苦)'가 추가되어야 한다.

※ 多(많을 다), 苦(쓸 고), 依(의지할 의), 遠(멀 원)

06

정답 체크

(가)	강변여과수의 모래나 자갈의 공극을 통과하여 우물로 집수되면서 물리적 여과를 통하여 세균이 걸러지는 역할에 대한 장점을 언급한 ⓒ이 가장 적절하다.
(나)	강변여과수의 유럽식 취수방식인 인공 함양지를 이용한 방식으로, 인공함양지에 대한 언급은 ⊙에 포함되어 있다.

따라서 (가)와 (나)에 들어갈 말을 적절하게 나열한 것은 ④이다.

07

정답 ③

정답 체크

대상인 '3D TV'의 기능을 잘 나타내는 구체적 사례를 들고 있지는 않다.

오답 분석

① 2문단의 "안경의 종류에 따라 3D TV는 편광 안경 방식과 셔터 안경 방식으로 나뉜다." 부분에서 3D TV의 종류를 안경의 종류에 따라 두 가지로 구분하고 있다.

② 2문단에서 3D TV의 개념을 정의하며 원리를 설명하고 있다.

④ 1문단에서 3D TV와 관련해 인간이 영상을 인식하는 원리를 소개하면서 논의를 시작하고 있다.

08

정답 ②

정답 체크

제시된 문장을 기호로 표현하면 다음과 같다.

전제 1.	축구 → ~감기	감기 → ~축구
전제 2.	~휴지 → 감기	~감기 → 휴지
전제 3.	나 = 축구	

전제 3(나 = 축구), 전제 1(축구 → ~감기), 전제 2의 대우(~감기 → 휴지)를 연결하면 '나 = 축구 → ~감기 → 휴지'를 확인할 수 있다. 따라서 반드시 참인 진술은 ②이다.

09

정답 ②

정답 체크

ㄴ. 2문단에서 "은유는 참신하고 효과적인 표현을 위한 수단으로서, 추상적이고 막연한 개념을 구체적이고 분명한 개념으로 나타내는 표현의 효과를 가져오는 데 그 목적이 있다."라고 하였다. 따라서 ㄴ은 적절한 반응이다.

오답 분석

ㄱ. 1문단에서 은유가 시간적으로 오래, 공간적으로 널리 확대되어 쓰이게 되면 사은유 또는 관용어가 된다고 하였으나 이것이 모든 은유의 필수적인 과정이라고 볼 수는 없다.

ㄷ. 2문단에서 은유는 추상적이고 막연한 개념을 구체적이고 분명한 개념으로 나타내는 표현 방법이라고 하였다.

10

정답 ①

정답 체크

1문단의 "말 그대로 가로 지르기, 곧 장르 사이의 경계를 허무는 것을 뜻한다." 부분을 볼 때, 장르 간에 자유로운 교류를 특징으로 하는 음악 형식임을 알 수 있다.

오답 분석

② 장르와 장르의 융합은 퓨전의 의미로 제시되어 있다.

③ 유래를 정확히 모르기 때문에 대중적 성격을 획득하려는 목적으로 시작되었다고 말할 수는 없다.

④ 동양의 이질적인 문화를 극복하려는 의도가 있는 것이 아니라, 서로 다른 두 문화가 만나 탄생한 것이다.

01	02	03	04	05
④	④	④	②	④
06	07	08	09	10
③	①	②	④	①

01

정답 ④

정답 체크

제시된 글에 따르면, 우리나라의 상업은행은 양도성 예금증서의 금리에 각각의 상업은행에서 정한 약간의 금리를 더해 대출 금리를 결정한다. 양도성 예금증서의 금리가 낮아지면 상업은행의 대출 금리도 낮아지므로 대출 수요가 늘어난다.

오답 분석

① "우리나라의 상업은행은 양도성 예금증서의 금리에 각각의 상업은행에서 정한 약간의 금리를 더해 대출 금리를 결정한다."라고 하였다. 따라서 상업은행의 대출 금리가 양도성 예금증서의 금리와 같게 결정된다고 볼 수 없다.

② "중앙은행은 국내외 경제 상황, 물가 동향 등을 종합적으로 고려하여 연 8회 기준 금리를 결정한다."라고 하였다. 따라서 기준 금리가 1년간 고정되는 것이 아니다.

③ "기준 금리는 중앙은행이 시중의 상업은행과 예금 및 대출 등의 거래를 할 때 기준이 되는 금리로서"라고 하였다.

02

정답 ④

정답 체크

금융 시장에서 투자자들은 건실한 기업과 부실한 기업의 구분이 어렵다. 즉 '정보의 비대칭성' 때문에 대외적으로 거래량이 부족하고 정보가 부족한 중소기업보다는 대외적으로 거래량이 많고 정보가 많은 대기업의 주식을 선호한다.

오답 분석

① 수영을 일주일 배운 사람과 1년 배운 사람이 서로 거래하는 상황이 아니므로 '정보의 비대칭성'에 해당하는 사례라고 보기 어렵다.

② 복권을 많이 산 사람과 적게 산 사람이 서로 거래하는 상황이 아니며, 두 사람이 가지고 있는 정보의 차이가 없고 확률의 차이가 있는 것이므로 '정보의 비대칭성'에 해당하는 사례로 보기 어렵다.

③ 충동구매에 해당하므로, '정보의 비대칭성'에 해당하는 사례로 보기 어렵다.

03

정답 ④

정답 체크

1단계	(라)와 (나)는 역접 관계로 이어진다는 점에서 그 연결이 자연스럽다.
2단계	(가)의 '이런 과정'은 (다)에서 설명하고 있는 '도전을 받게 되면 기존의 과학에 찾아온 위기'이다. 따라서 (다) 뒤에 (가)가 이어지는 것이 자연스럽다.

따라서 제시된 글을 맥락에 맞추어 나열하면 '(라) – (나) – (다) – (가)'이다.

04

정답 ②

정답 체크

1문단의 "우리는 일상생활에서 중요한 일을 앞두고 스스로 불리한 조건을 만드는 경우를 흔히 볼 수 있다."와 마지막 문장에 제시된 예시를 고려할 때, 빈칸에는 '불리한 조건을 스스로 만들어내어'가 들어가는 것이 가장 적절하다.

05

정답 ④

정답 체크

㉠ 전통주의	ㄷ은 자연의 이미지를 새롭게 볼 수 있는 것은 '재현'이라는 방법을 통해 가능한 것이므로 이는 '전통주의 시기'의 예술관이라 할 수 있다
㉡ 모더니즘	ㄴ은 다른 예술과 다른 나만의 예술의 독창성을 드러내는 것이므로 이는 다른 예술과 구분할 수 있는 특성을 추구하는 '모더니즘'과 관련된 예술관이라 할 수 있다.
㉢ 다원주의	ㄱ은 시기마다 다른 입장을 취할 수 있다는 것으로 이는 한 예술에 종속되는 것이 아닌, 다양한 예술을 추구할 수 있다는 것을 의미한다. 따라서 이는 다원성을 바탕으로 한 예술관이라 할 수 있다.

따라서 연결이 적절한 것은 ④이다.

06 　　　　　　　　　　　　정답 ③

정답 체크
(가)를 통해 '꼼꼼한 사람 중 일부는 시간 관리를 잘한다.'라는 결론이 나오기 위해서는 '공부를 잘한다.'와 '시간 관리를 잘한다.' 사이의 어떤 관계가 필요하다. 그런데 결론에서 '모두'가 아닌 '일부'로 한정하고 있다. 따라서 공부를 잘하는 사람 중 일부가 시간 관리를 잘한다는 전제가 필요하다.

07 　　　　　　　　　　　　정답 ①

정답 체크
제시된 글에서는 언어를 통해 선인들의 훌륭한 문화유산이나 정신 자산을 이어받을 수 있었다고 설명하며, 문명의 발달은 언어와 함께 이루어진 것이라고 하였다.

08 　　　　　　　　　　　　정답 ②

정답 체크
ㄱ. 3문단의 "사람들은 아직도 재즈라는 단어에서 상류층의 여유 있는 문화생활이나 어두운 클럽 안의 자욱한 담배 연기 같은 퇴폐적 이미지를 떠올린다." 부분을 통해 알 수 있다.

ㄷ. 2문단의 "결국 나머지 91%의 재즈 음악인은 평균 이하의 경제생활을 한다는 얘기다."와 "그런 상황에서도 연주에 몰입하는 재즈 음악인이란 우리가 알지 못하는 어떤 가치에 눈을 뜬 것이 아닐까?" 부분을 통해 알 수 있다.

오답 분석
ㄴ. 글쓴이는 1문단에서 재즈를 제대로 감상하기 위해서는 자신의 감성에 맞는 곡을 들어야 한다고 하였다. 아무리 많은 사람들이 명작 운운하는 곡이라도 자신에게 다가오지 않으면 아무 의미가 없다는 것이다.

09 　　　　　　　　　　　　정답 ④

정답 체크
전제 (나)와 (다)를 고려할 때, 결론에는 '어떤 남학생은 채팅과 컴퓨터 게임을 모두 좋아한다.'가 들어간다.

10 　　　　　　　　　　　　정답 ①

정답 체크
<보기>를 보면, '꽃가루'는 1위를 한 후보에게 축하의 뜻으로 뿌려지는 종이 꽃가루를 말한다. 지역 경선의 결과는 언론을 통해 유권자들에게 알려진다. 그 이후에 지지율이 상승하는 '꽃가루 효과'가 일어났다면, 이것은 1위를 한 경선 후보자가 언론을 통해 조명을 받으면서 유권자들의 관심이 집중되어 일어나는 현상일 수밖에 없다. 따라서 ㉠의 함축적 의미는 '관심의 집중'이다.

01	02	03	04	05
④	③	④	①	④
06	07	08	09	10
③	①	③	④	④

01

정답 ④

정답 체크

첫 번째 문장에서 "조선의 초상화는 인물의 형(形)과 영(影)을 형상화한 회화라고 할 수 있다."라고 하였다. '형'은 '외적 모습'이고, '영'은 '인물의 내면'이다. 따라서 빈칸에는 조선의 초상화는 외적 모습과 내면을 모두 담았다는 내용이 어울린다.

02

정답 ③

정답 체크

2문단의 "엘니뇨가 진행되던 중 어떤 원인으로 인해 적도 해역의 무역풍이 강해지거나 또는 동태평양의 해수면 수온이 내려가면 엘니뇨는 종식된다." 부분에서 엘니뇨가 종식되는 경우에 대한 설명이 제시되어 있다. 그러나 제시된 글에서 엘니뇨를 예방할 수 있는 방안에 대한 정보는 확인할 수 없다.

오답 분석

① 2문단의 "엘니뇨란 스페인어로 '남자아이', 또는 '아기 예수'를 뜻하는데" 부분에서 확인할 수 있다.

② 2문단의 "무역풍이 약화되면 서쪽으로 이동했던 따뜻한 해수가 동쪽으로 밀려가는데, 이것을 엘니뇨 해류라 한다." 부분에서 확인할 수 있다.

④ 2문단의 "엘니뇨는 평균 4년에 1회 정도 발생하는데" 부분에서 확인할 수 있다.

03

정답 ④

정답 체크

(가)와 (나)를 기호로 표현하면 다음과 같다.

(가)	저녁 커피 → 불면증	~불면증 → ~저녁 커피
(나)	생과일주스 → ~불면증	불면증 → ~생과일주스

'(가)'와 '(나)의 대우'를 연결하면, '저녁 커피 → 불면증 → ~생과일주스'이다. 따라서 빈칸에는 '저녁에 커피를 마시면 생과일주스를 좋아하지 않는다.'가 들어가야 한다.

04

정답 ①

정답 체크

"문화다원주의와 다문화주의는 다양성을 인정하고 사회적 통합을 추구한다는 점에서는 유사하다."라고 하였다. 따라서 ①의 이해는 적절하지 않다.

오답 분석

② "문화다원주의는 주류 사회가 존재함을 분명히 하면서 ~ 이에 비해 보다 발달된 개념인 다문화주의는 주류 사회의 중요성을 부각하기보다는" 부분을 통해 알 수 있다.

③ "다문화주의는 주류 사회의 중요성을 부각하기보다는 다양한 문화가 평등하게 인정되어야 함을 강조한다." 부분을 통해 알 수 있다.

④ "다문화주의는 ~ 다양한 문화가 평등하게 인정되어야 함을 강조한다. 주류 사회 안에서 외국인과 이민자의 문화를 인정한다는 점에서 문화다원주의는 매력적으로 보일 수 있다." 부분을 통해 알 수 있다.

05

정답 ④

정답 체크

1단계	'순자'는 윤리적 지식이나 믿음이 선천적으로 형성될 수 없다고 하였다. 따라서 선천적이지 않기 때문에, '교육이 필요하다'는 입장인 (다)가 첫 번째 문장 뒤에 이어지는 것이 적절하다.
2단계	(나)에서 '정약용'은 선을 좋아하고 악을 부끄럽게 여기는 것이 '선천적'이라고 하였다. 따라서 스스로 도덕적으로 옳은 행위를 선택·수행할 수 있다는 (가)가 (나) 뒤에 이어지는 것이 적절하다.
3단계	'첫 번째 문장과 (다)'는 '(나)와 (가)'의 내용과 상반된다. 따라서 '이와 달리'로 연결하는 것이 적절하다.

이를 볼 때, 제시된 글은 '(다) – (나) – (가)'로 배열하는 것이 적절하다.

06

정답 체크
(가)와 결론을 기호로 표현하면 다음과 같다.

(가)	~경찰 → ~도둑질	도둑질 → 경찰
(나)		
결론	~감옥 → ~도둑질	도둑질 → 감옥

전제인 '도둑질 → 경찰'을 통해서 결론 '도둑질 → 감옥'을 얻으려면, '경찰'과 '감옥'의 관계를 드러내는 전제가 필요하다. 따라서 (나)에는 '경찰에 잡히면 감옥에 간다.'가 들어가야 한다.

07
정답 ①

정답 체크
㉠은 곤충이나 동물들이 집단으로 모여 있을 때는 '영리한 무리'이긴 하나 경우에 따라서는 잘못된 의사 결정으로 엄청난 피해를 볼 수 있음을 강조하고 있다. 이는 인간의 경우에도 적용이 되어 인간 집단이 의사 결정을 잘못 하게 되면 파괴적인 결과를 낳을 수 있음을 말하고 있다.

08
정답 ③

정답 체크
ㄴ. 1문단에서 민법은 '개인이 법률관계를 맺을 때 온전히 자신의 자유로운 의사를 따르도록 하는 것'을 원칙으로 한다고 했다. 따라서 민법에서 개인은 원칙적으로 자유로운 의사에 따라 법률관계를 형성할 수 있다고 볼 수 있다.

ㄷ. 1문단에서 '과실 책임의 원칙은 ~ 자신의 과실이나 고의로 타인에게 손해를 끼친 경우에 한해서만 손해에 대한 책임을 진다는 것'이라고 했다. 이를 통해 원칙적으로 고의나 과실이 없는 행위에 대해서는 책임을 지지 않는다고 볼 수 있다.

오답 분석
ㄱ. 2문단에서 '의사 무능력자를 보호하기 위해 의사 능력이 없는 상태에서 이루어진 법률 행위의 법적 효력을 인정하지 않는다.'라고 했다. 이를 통해 의사 무능력자의 행위는 법적 효력이 없다는 것을 알 수 있다. 그런데 의사 무능력자의 행위에 대한 법적 효력을 일부 제한한다는 것은 일정 부분 법적 효력을 인정한다는 의미가 되므로 적절하지 않다.

09
정답 ④

정답 체크
(가)에서 요구하는 것은 장애인에 대한 사회적 배려는 인식 차원에 그치는 것이 아니라 장애인 스스로 직무에서 경쟁력을 갖출 수 있도록 해야 함이다. 따라서 이 두 가지 사항이 장애 인식 개선 교육과 직무 역량을 기를 수 있는 직업 능력 개발 센터 설립으로 구체화된 내용이 가장 적절하다.

10
정답 ④

정답 체크
2문단에서 선박은 선박의 중량과 같은 크기의 부력에 의해 균형을 이뤄 물 위에 뜨게 된다고 하였으며, 선박이 수면 위로 부양하기 위해서는 양력 등이 작용해야 한다고 하였다.

오답 분석
① 2문단에서 수중익선은 날개 아랫부분의 단면은 평평하게, 윗부분의 단면은 유선형으로 되어 있다고 하였다.

② 1문단에서 저속으로 운항할 때는 전체의 저항에서 조파 저항이 차지하는 비율이 20% 정도에 불과하지만, 고속으로 운항할 때는 40~50%에 육박할 정도로 선박에 큰 영향을 미친다고 하였다.

③ 2문단에서 수중익선은 선체를 수면 위로 부양시켜 파도로부터의 저항을 최소화한다고 하였다.

01	02	03	04	05
②	③	②	②	②
06	07	08	09	10
③	②	②	②	③

01
정답 ②

정답 체크

이상(李箱)의 발언을 인용하여 위대한 미술품 역시 과거의 일상생활과 관련된 물건임을 언급한 후 나아가 우리의 생활과 미술이 밀착되어 있음을 말하고 있다.

02
정답 ③

정답 체크

제시된 명제들을 p, q, r로 표현할 수 있다.

p	방 청소를 자주 한다.
q	하루에 양치를 네 번 이상 한다.
r	일주일에 여섯 번 이상 쇼핑을 한다.

p, q, r로 다시 정리를 하면 다음과 같다.

전제 1.	p → ~q	q → ~p
전제 2.		
결론	r → ~p	p → ~r

전제 1(p → ~q)만 제시되어 있다. 결론 'p → ~r'을 도출하기 위해서는 '~q'와 '~r'을 연결해야 한다. 따라서 빈칸에는 '하루에 양치를 네 번 이상 하지 않는 사람은 일주일에 여섯 번 이상 쇼핑을 하지 않는다.'가 들어가야 한다.

03
정답 ②

정답 체크

제시된 전제를 기호로 표현하면 다음과 같다.

전제 1.	비가 많이 내리면 습도가 높아진다.	비 多 → 습도 ↑
전제 2.	겨울보다 여름에 비가 더 많이 내린다.	비 多 = 여름 > 겨울
전제 3.	습도가 높으면 먼지가 잘 나지 않는다.	습도 ↑ → ~먼지
전제 4.	습도가 높으면 정전기가 잘 일어나지 않는다.	습도 ↑ → ~정전기

전제들을 간단히 정리하면 다음과 같다.

○ 비 多 = 여름 > 겨울

○ 비 多 → 습도 ↑ → ~먼지
　　　　　　　　　　 ~정전기

비는 '여름'에 더 많이 온다고 하였는데(전제 2), 여름에는 비가 많이 오니 습도가 높고(전제 1), 습도가 높으면 먼지가 잘 나지 않는다(전제 3). 따라서 여름보다 겨울에 먼지가 더 잘 날 것이다.

오답 분석

① 비는 '겨울'에 덜 온다(전제 2). 따라서 여름보다 습도가 낮을 것(전제 1)이다.

③ 간단히 정리한 두 번째 명제의 대우가 '~정전기 → ~습도 ↑ → ~비 多'이므로, 빈칸에 들어갈 수 있다.

④ 비는 '여름'에 더 많이 온다고 하였는데(전제 2), 여름에는 비가 많이 오니 습도가 높고(전제 1), 습도가 높으면 정전기가 잘 일어나지 않는다(전제 3).

04
정답 ②

정답 체크

ㄱ과 ㄷ은 두 생명체는 서로를 죽이거나 도태시키기 위해서가 아니라, 서로서로 자신이 넘치는 것은 나눠 주고 모자라는 것은 받아들이는 관계인 공생(共生)의 적절한 사례이다.

오답 분석

ㄴ. 뻐꾸기가 둥지를 틀지 않고 뱁새의 둥지에 자신의 알을 넣어 뱁새로 하여금 기르게 하는 행위는 린 마굴리스가 제시한 '공생(共生)'으로 볼 수 없다. 뻐꾸기와 뱁새의 관계는 공생이 아닌 뻐꾸기가 일방적으로 뱁새의 둥지에 기생하는 관계로 보아야 한다.

05   정답 ②

정답 체크

ㄱ. "헬리콥터 위쪽에 달린 프로펠러나 배의 밑 부분에 달린 스크루 장치, 선풍기의 날개 등은 모두 프로펠러의 일종이다."에서 사례를 들어 '프로펠러'에 대한 이해를 돕고 있다.

ㄷ. "프로펠러는 기계적인 회전 운동을 이용해서 물이나 공기를 밀어 주는 역할을 하는 장치이다."에서 '프로펠러'의 개념을 정의하고 있다.

오답 분석

ㄴ. 제시된 글에서 '프로펠러'의 장단점을 제시하고 있지는 않다.

06   정답 ③

정답 체크

1단계	첫 번째 문장의 끝에 '차이점'을 보인다고 하였다. 이는 "이런 차이는"으로 시작하고 있는 (나)와 연결된다. 따라서 가장 첫 번째 와야 하는 문장은 (나)이다.
2단계	(가)에서는 '협상'의 개념을, (다)에서는 '협상의 종류'를 제시하고 있다. 흐름상 '또'를 제시한 (다)가 나중에 오는 것이 자연스럽다.

따라서 제시된 글은 '(나) – (가) – (다)'로 배열하는 것이 자연스럽다.

07   정답 ②

정답 체크

홉스는 대리인의 절대적 권위를 중시한다. 따라서 대리인들을 대표로 보지 않은 (나)의 견해에는 동의하지 않을 것이다.

오답 분석

① 홉스는 정당한 혁명은 있을 수 없다고 보았다. 따라서 혁명을 인정하지 않았다는 점에서는 (가)의 견해에 동의한다.

③ 홉스는 인간의 천성을 악하다고 보았다. 반면 (나)는 인간은 선천적으로 선하게 태어난다고 보았다.

④ 로크는 국가(또는 국가가 만든 법)가 시민들을 보호하지 못하거나 시민들의 권리를 침해할 때는 혁명이 가능하다고 보았다. (나) 역시 마찬가지이다.

08   정답 ②

정답 체크

3문단에서 "숙주 세포를 뚫고 밖으로 나올 수 있게 하는 가위 역할을 하는 단백질도 있는데, 이를 '뉴라미니다아제'라고 한다."라고 하였다. 따라서 바이러스는 숙주 세포 안에서 번식이 끝나면 스스로 사멸하는 것이 아니라, 숙주 세포 밖으로 나오는 것임을 알 수 있다.

오답 분석

① 1문단의 "세균이라고도 불리는 '박테리아'는 스스로 생명 활동을 하는 데 필요한 모든 기관을 갖고 있는 엄연한 생물이다." 부분에서 알 수 있다.

③ 4문단의 "'숙주 특이성'은 바이러스에 따라 인식할 수 있는 숙주의 단백질이 정해져 있는 것을 의미한다."와 "구제역 바이러스는 소나 돼지처럼 ~ 우제류와 다른 사람의 경우는 구제역에 감염될 가능성이 거의 없다고 볼 수 있다." 부분에서 알 수 있다.

④ 2문단의 "생물이 아니라고 하는 것은 스스로 생명 활동을 할 수 없기 때문이다."와 "그렇다고 바이러스를 완전히 무생물이라고 할 수도 없다. 숙주를 만나면 숙주의 세포 속으로 들어가 자신의 유전자를 복제하여 증식을 하는 생명 활동을 하기 때문이다." 부분에서 알 수 있다.

09   정답 ②

정답 체크

칸트에게 놀이는 인간의 감성적 측면의 상상력과 이성적 측면의 지성이 합일됨으로써 구현된다. 실러에게 놀이는 감각 충동과 형식 충동의 조화로부터 나오는 것인데, 여기서 감각 충동은 감각적 본성, 형식 충동은 이성적 본성과 관련된다. 그러므로 칸트와 실러 모두 놀이를 인간의 이성적 측면과 관련된다고 보았다고 이해할 수 있다.

오답 분석

① 칸트는 상상력과 지성, 실러는 감각 충동과 형식 충동으로 놀이를 설명하였다. 놀이를 사회적 규범을 전수하는 도구로서만 존재한다고 본 것은 아니다.

③ 칸트는 인간의 상상력이 무질서함을 특징으로 한다고 하였다. 놀이는 상상력의 무질서함이 지성의 규칙에 맞추어질 때 이루어지는 것이다. 실러는 놀이를 인간의 충동과 관련지어 설명하였다. 놀이가 질서를 본질로 한다고 본 것은 아니다.

④ 칸트와 실러 모두 놀이가 인간에게 쾌감, 즐거움을 준다고 보았다. 놀이가 인간의 인지 능력을 증진시키는 활동이라고 본 것은 아니다.

정답 체크

제시된 글의 중심 화제는 신체 기관에 주름이 있는 이유와 주름의 기능이다. 글쓴이는 두 가지 예를 통해 설명하고 있다. 작은창자 벽의 주름진 곳인 '융털'은 표면적을 넓혀, 소화가 된 영양분과 접촉 기회를 갖게 되어 더 많은 영양분을 흡수할 수 있게 되었다고 말한다. 또 허파의 주름진 곳인 '폐포' 역시 주름을 통해 공기와의 접촉 면적을 넓혀 기체교환을 원활하게 할 수 있게 되었다고 말한다. 이로 보아 그 밖의 기관에서도 주름진 부분은 기관의 표면적을 넓혀 기능을 잘 할 수 있도록 한다는 것을 알 수 있다.

오답 분석

① 부드러운 것은 주름과 관련이 있을 수 있으나 기관을 보호한다는 내용과는 아무 관련이 없다.

② '면역력'과 관련된 내용은 글에서 확인할 수 없다.

④ 외부 물질과 접촉한다는 것은 글에 드러나나 이것은 주름을 통해 표면적이 넓혀진 결과이지 크기를 줄이려고 한 것은 아니다.

01	02	03	04	05
②	③	③	①	③
06	07	08	09	10
②	①	④	②	③

01

정답 ②

정답 체크

(가)~(다)를 기호로 표현하면 다음과 같다.

(가)	사과 → 빨∨둥	
(나)	둥 → 새달	~새달 → ~둥
(다)	A = ~새달	

(다)와 (나)의 대우를 연결하면 'A = ~새달 → ~둥'을 알 수 있다. 즉 A가 산 사과는 둥글지 않다. 그런데 (가)에서 모든 사과는 빨갛거나 둥글다고 했기 때문에, A가 산 사과는 '둥글지 않기' 때문에 '빨갈 것'이다.

02

정답 ③

정답 체크

'정언 삼단 논법'에서 매개념은 대전제와 소전제에만 나타나고 결론에는 나타나지 않는 개념을 의미한다. 그러므로 정언 삼단 논법에서 매개념은 대전제와 소전제를 이어 주어 결론을 도출하게 해 주는 기능을 한다. 따라서 정언 삼단 논법에서 매개념이 대전제와 결론을 이어 주는 역할을 한다는 설명은 적절하지 않다.

오답 분석

① 1문단의 "정언 삼단 논법이란, 정언 명제로 이루어진 대전제, 소전제, 결론으로 이루어진 연역 논증을 의미한다." 부분을 통해 알 수 있다.

② 1문단의 "삼단 논법을 구성하는 세 개의 정언 명제는 세 개의 개념을 포함하고 있는데" 부분을 통해 알 수 있다.

④ 1문단의 "결론에는 나타나지 않고 항상 두 전제에만 나타나는 개념을 매개념이라 한다." 부분을 통해 알 수 있다.

03

정답 ③

정답 체크

고령화 사회에 대해 사람들이 '암울한 전망'을 하는 것에 대해 글쓴이는 "암울한 전망은 동전의 한 면만 바라보는 좁은 시각이다."라고 말하고 있다. 즉 제시된 글의 글쓴이는 고령화 사회가 경제를 후퇴시키는 것이 아니라 새로운 성장의 계기가 된다는 주장을 펼치고 있다. 따라서 제시된 글의 중심 내용으로는 '고령화 사회는 재앙이 아니라 축복이 될 수 있다.'가 가장 적절하다.

04

정답 ①

정답 체크

2문단의 "이런 노력 외에도 두뇌 활동을 활발하게 하기 위해서는 하루에 6시간 정도의 수면이 필요하다." 부분에서 '수면'의 중요성을 언급하고 있다. 그러나 잘 먹어야 한다는 내용은 따로 언급하고 있지 않다.

오답 분석

② 1문단의 "무조건 오래 하는 것보다는 짧은 시간이라도 집중력을 갖고 공부하는 것이 효과적이다."와 2문단의 "학습 성과는 몇 시간 동안 공부했느냐의 양보다는 무엇을 얼마나 했느냐의 질이 좌우한다." 부분을 통해 알 수 있다.

③ 1문단의 "자신이 공부하는 데 필요한 집중력을 방해하는 요인이 무엇인가 찾아내어 이를 해결해 나가는 노력이 필요하다." 부분을 통해 알 수 있다.

④ 2문단의 "피곤하고 졸릴 때 억지로 참는 것보다는 1시간 이내의 짧은 시간 동안 잠을 자고 나서 정신을 집중하여 공부하는 것이 효과적이다." 부분을 통해 알 수 있다.

05

정답 ③

정답 체크

2문단의 앞부분에서 "소득, 지역 등 계층 간의 비만율 격차도 눈에 띄었다."라고 하였다. 2문단에 '소득'에 대한 내용은 있지만, '지역'에 대한 언급은 따로 없다. 따라서 <보기>는 ©에 들어가는 것이 가장 적절하다.

06
정답 ②

정답 체크

3문단의 "자제력이 있는 사람은 합리적 선택에 따라 행위하지"와 "합리적 선택에 따르는 행위는 모두 자발적인 행위지만" 부분을 볼 때, 자제력이 있는 사람은 자발적으로 행동함을 알 수 있다.

오답 분석

① 2문단에서 "욕망이나 분노에서 비롯된 행위를 모두 비자발적인 것으로 보아서는 안 된다."라고 하였다. 즉 욕망에 따른 행위 중 일부는 자발적 행위에 속한다.

③ 3문단에서 "자제력이 없는 사람은 욕망 때문에 행위하지만"라고 하였다. 또 2문단의 "욕망이나 분노에서 비롯된 행위를 모두 비자발적인 것으로 보아서는 안 된다."라고 하였다. 이는 욕망에 따른 행위도 일부는 자발적 행위라는 것이다. 따라서 자제력이 없는 사람도 자발적으로 행위한 경우가 있다.

④ 3문단에서 "합리적 선택에 따르는 행위는 모두 자발적인 행위지만"라고 하였다. 그러나 그 역이 항상 참인 것은 아니다.

07
정답 ①

정답 체크

ㄱ. ⊙은 시각적으로 모순되더라도 자신이 알고 있는 사실을 전달하는 데 중점을 두어 대상을 묘사하는 표현 방법이다. ㄱ은 시각적으로 모순되지만 대상에 대한 인식을 바탕으로 묘사한 것으로 촉각상에 의존하여 표현한 예라 할 수 있다.

오답 분석

ㄴ. 명암을 살려 입체감이 느껴질 정도로 세밀하게 묘사한 것은 시각적 사실성에 충실한 표현으로 시각상에 의존하여 표현한 방법이라 할 수 있다.

ㄷ. 피카소가 신문기사를 보고 기사 내용에서 상상하여 그린 것으로 시각상이나 촉각상에 의존하여 대상을 묘사한 그림이 아니다.

08
정답 ④

정답 체크

<보기>에서는 전체의 속성, 즉 '언제나 A학교의 수학 시험 점수가 B학교의 점수보다 더 높은 것'을 근거로 부분인 '학생' 개개인의 점수도 그럴 것이라고 추론하고 있다. 이는 전체의 속성을 부분에 적용하는 '분할의 오류'를 범한 것이다. ④ 역시 전체의 속성, 즉 '이 카메라가 세계에서 가장 가볍고 성능이 좋다'는 것을 근거로 부분인 '부품'도 그런 것이라고 추론하고 있다.

오답 분석

① '인기'를 근거로 하기 때문에 군중에 호소하는 오류를 범하고 있다.

② 타당한 삼단논법의 연역 추론을 한 예시이다.

③ <보기>와 반대된다. 부분의 속성을 전체에 적용하는 '결합의 오류'를 범하고 있다.

09
정답 ②

정답 체크

1단계	(나)의 끝에 나오는 '시장의 실패'는 (가)의 시작 '시장의 실패'와 연결된다.
2단계	(가)의 끝에 나오는 '외부 효과'는 (다)의 시작 '외부 효과'와 연결된다.
3단계	(다)에 '제3자'가 나오는데, 이는 마지막 단락의 '제3자'와 연결이 된다.

따라서 제시된 글은 '(나)-(가)-(다)'로 배열하는 것이 적절하다.

10
정답 ③

정답 체크

(나)는 가정용 전기 사용량의 증가로 블랙아웃이 발생하고 있으므로 전기 요금 누진제를 통해 전기의 소비 절약을 유도해야 한다고 말하고 있다. 한편 (가)는 여름철 전력량 증가의 원인은 가정용 전기 사용 때문이 아니라 일반용, 산업용 전기 사용 때문이라고 말하고 있다. 즉 (나)와 (가)는 대규모 정전 사태의 원인에 대해 서로 상반된 입장을 취하고 있다. 그러므로 (가)를 근거로 하여 (나)에 대해 반박한다면 가정용에만 적용되는 전기 요금 누진제는 블랙아웃을 대비하는 효과가 미미함을 지적해야 한다.

오답 분석

① (나)는 전기 요금 누진제 폐지에 반대하는 입장이므로 이를 반박하기 위해서는 폐지 찬성 입장에 서야 한다. 따라서 전기 요금 누진제와 병행할 다른 제도를 도입하자는 주장은 반박 내용으로 적절하지 않다.

② 전기 요금 누진제가 폐지되면 가정용 전기의 사용량이 증가할 수 있으므로 블랙아웃이 발생하지 않을 것이라고 단정하는 주장은 적절하지 않다.

④ (나)는 가정용 전기에 대한 전기 요금 누진제 폐지에 반대하는 입장이다. 가정용 전기가 아니라 산업용 전기에 전기 요금 누진제를 적용하더라도 전기의 소비 절약을 유도하기 어려울 것이라는 주장은 논의의 범위에서 벗어난 내용이므로 (나)에 대한 반박으로 적절하지 않다.

5천 개가 넘는
해커스토익 무료 자료!

대한민국에서 공짜로 토익 공부하고 싶으면 | 해커스영어 Hackers.co.kr ▾ | 검색 |

RC 정수진   RC 이상길

강의도 무료

베스트셀러 1위 토익 강의 150강 무료 서비스,
누적 시청 1,900만 돌파!

3,730제 무료

문제도 무료

토익 RC/LC 풀기, 모의토익 등
실전토익 대비 문제 3,730제 무료!

LC 한승태   RC 김동영

최신 특강도 무료

2,400만뷰 스타강사의
압도적 적중예상특강 매달 업데이트!

공부법도 무료

토익 고득점 달성팁, 비법노트,
점수대별 공부법 무료 확인

전원 무료
*미션 달성 시

가장 빠른 정답까지!

615만이 선택한 해커스 토익 정답!
시험 직후 가장 빠른 정답 확인

더 많은 토익무료자료
보기 ▶